公路工程
资料管理

GONGLU GONGCHENG
ZILIAO GUANLI

俞小芸　吴颖峰　编著
杨仲元　主审

中国电力出版社
CHINA ELECTRIC POWER PRESS

内 容 提 要

本书全面系统地介绍了公路工程资料管理的内容，主要包括概述、公路工程资料编制应用基础、综合文件资料、竣工决算与审计资料、施工资料、监理资料、公路工程验收程序资料、公路工程施工统一用表等。

本书为高职高专院校道桥与工程管理类专业的教材，也可供参与公路工程建设、公路工程资料管理的专业技术人员学习参考。

图书在版编目（CIP）数据

公路工程资料管理 / 俞小芸，吴颖峰编著 . —北京：中国电力出版社，2019.1（2025.8重印）
ISBN 978-7-5198-2387-0

Ⅰ．①公…　Ⅱ．①俞…②吴…　Ⅲ．①道路工程－技术档案－档案管理　Ⅳ．① G275.3

中国版本图书馆 CIP 数据核字（2018）第 204686 号

出版发行：中国电力出版社
地　　址：北京市东城区北京站西街 19 号（邮政编码 100005）
网　　址：http://www.cepp.sgcc.com.cn
责任编辑：王晓蕾（010-63412610）
责任校对：黄　蓓　常燕昆
装帧设计：张俊霞
责任印制：杨晓东

印　　刷：廊坊市文峰档案印务有限公司
版　　次：2019 年 1 月第一版
印　　次：2025 年 8 月北京第七次印刷
开　　本：787 毫米 ×1092 毫米　16 开本
印　　张：11
字　　数：264 千字
定　　价：38.00 元

前　　言

公路工程资料是工程建设过程中形成的各种形式记录，并按一定原则分类、组卷。为了使工程资料管理人员对工程资料的收集、整理及归档组卷更加规范化、标准化，编者结合公路工程资料管理的专业要求和教学规律，编写了本教材。本书注重实用，力求系统地反映公路工程资料管理的内容；注重吸收新的科技成果，引用了最新的行业规范，紧密结合工程资料管理实际。此外，本书还注重工程资料编制程序和资料用表的介绍，通过软件系统进行示例编制，并在书后附有案例练习，便于读者学习。

全书共分 8 章，分别为概述、公路工程资料编制应用基础、综合文件资料、竣工决算与审计资料、施工资料、监理资料、公路工程验收程序资料、公路工程施工统一用表。书后共有 3 个附录，附录 A 为公路工程竣（交）工验收办法（交通运输部令 2004 年第 3 号），附录 B 为公路工程竣（交）工验收办法实施细则（交公路发〔2010〕65 号），附录 C 为案例汇编。

参加本书编写工作的有浙江交通职业技术学院俞小芸（第 1 章~第 4 章，第 8 章，附录 C），浙江交通职业技术学院吴颖峰（第 5 章~第 7 章，附录 A、附录 B），由浙江交通职业技术学院杨仲元教授任主审。

本书还参考了书后所附参考文献的部分内容，在此向作者深表谢意。

由于编者水平有限，书中的疏漏或不尽之处在所难免，恳请广大读者批评指正。

编　者

2018 年 9 月

目　录

概　述

知识目标

1. 能够叙述交工验收、竣工验收的概念；
2. 了解公路工程项目划分；
3. 了解文件材料归档资料的总栏目；
4. 了解工程竣工图及其绘制的要求；
5. 掌握竣工档案分类编号办法；
6. 掌握工程文件立卷的要求；
7. 掌握档案资料的验收与移交。

1.1　公路工程验收的基本知识

公路工程验收工作分为交工验收和竣工验收两个阶段。交工验收由项目法人组织，在施工单位全面自检控制的前提下，按照监理抽查资料，对合同段工程质量进行评定，评价工程质量是否符合技术标准及设计要求，是否可以移交下一阶段施工或是否满足通车要求，对各参建单位工作进行初步评价。竣工验收由政府主管部门组织，在试运营考验的基础上，以质量监督机构的关键实测指标为主，对工程做出评价，对工程最终是否合格做出结论，对参建单位进行综合评价。

公路工程竣工验收作为工程质量控制的最后一个环节，一方面要做到全面系统地对工程质量做出评价，真正把好工程质量关，不能因为内容的遗漏使工程质量出现问题；另一方面，要将验收工作放在整个工程质量管理及控制系统中去考虑，要充分利用质量控制过程的工作及成果，要把好工程质量关，应从建设的全过程去考虑。

1.1.1　交工验收的概念

交工验收是承包人将已按承包合同规定完成了的工程移交给项目法人，是工程承发包合同双方之间的一种经济行为，是工程建设项目法人实施工程管理的一项日常工作。

交工验收的主要工作内容是检查施工合同的执行情况，评价工程质量是否符合技术标准及设计要求，是否可以移交下一阶段施工或是否满足通车要求，对各参建单位工作进行初步评价。

在交工验收阶段，建设项目的各合同段符合交工验收条件后，首先由承包人向项目法人提出申请，然后由项目法人组织监理单位按《公路工程质量检验评定标准》的要求对各合同段的工程质量进行评定。

1

1.1.2 竣工验收的概念

竣工验收是项目法人将已完成的建设项目交给作为社会事务管理者及公众代表的政府，是政府对建设工程这一社会事务和经济活动进行管理的一项工作，是行政行为，是工程建设项目建设期结束，转入正式运营使用前的一个环节。

竣工验收属于成品检验的范畴，是综合评价工程建设成果，对工程质量、参建单位和建设项目进行综合评价。

在竣工验收阶段，建设项目符合竣工验收条件后，由项目法人按项目管理权限向交通主管部门提出申请，由交通主管部门组织质量监督机构按交通运输部规定的公路工程质量鉴定办法对工程质量检测鉴定。

1.1.3 工程项目划分

为了加强对基本建设工作的管理，便于编制设计文件、概预算文件和施工组织设计文件，便于工程招投标工作和施工管理，必须对基本建设工程项目进行科学的分解和合理的划分。

根据建设任务、施工管理和质量评定的需要，在施工准备阶段，施工单位应根据《公路工程质量检验评定标准》附录 A 的规定，结合工程特点，对建设项目按单位工程、分部工程和分项工程逐级进行划分，直至详细列出所有的每一个分项工程的编号、名称或内容、桩号或部位。整个工程项目中工程实体与划分的项目一一对应，单位、分部、分项的数量和位置都一目了然。施工单位、监理单位和建设单位应按相同的工程项目划分进行工程质量的监控和管理。项目划分情况如下：

1. 建设项目

建设项目也称基本建设项目，是指经批准在一个设计任务书范围内按同一总体设计进行建设的全部工程。建设项目在经济上实行统一核算，行政上实行统一管理，一般以一个企业（或联合企业）、事业单位或独立工程作为一个建设项目。公路工程基本建设以单独设计的公路路线、独立桥梁作为建设项目。

2. 单位工程

单位工程是在合同段中，具有独立施工条件和结构功能的工程。

公路工程一般建设项目通常划分为 9 个单位工程，见表 1-1。

表 1-1　　　　　　　　　　　一般建设项目单位工程划分

序号	单位工程名称	备注
1	路基工程	每 10km 或每标段
2	路面工程	每 10km 或每标段
3	桥梁工程	每座或每合同段
4	隧道工程	每座或每合同段
5	绿化工程	每合同段
6	声屏障工程	每合同段
7	交通安全设施	每 20km 或每标段
8	交通机电工程	
9	附属设施	

特大斜拉桥、特大悬索桥为主体建设项目的工程通常划分为 5 个单位工程，见表 1-2。

表 1-2   **特大斜拉桥、特大悬索桥为主体建设项目单位工程划分**

序号	单位工程名称	备注
1	塔及辅助、过渡墩	每个
2	锚碇	每个
3	上部钢结构制作与防护	—
4	上部结构浇筑与安装	—
5	桥面系、附属工程及桥梁总体	—

3. 分部工程

在单位工程中，按结构部位、路段长度及施工特点等划分的工程。

4. 分项工程

在分部工程中，根据施工工序、工艺或材料等划分的工程。

一般建设项目的工程划分见表 1-3。

表 1-3   **一般建设项目的工程划分**

单位工程	分部工程	分项工程
路基工程（每 10km 或每标段）	路基土石方工程（1～3km 路段）①	土方路基，填石路基，软土地基处治，土工合成材料处治层等
	排水工程（1～3km 路段）①	管节预制，混凝土排水管安装，检查（雨水）井砌筑，土沟，浆砌水沟，盲沟，跌水，急流槽，水簸箕，排水泵站沉井、沉淀池等
	小桥及符合小桥标准的通道，人行天桥，渡槽（每座）①	钢筋加工及安装，砌体，混凝土扩大基础，钻孔灌注桩，混凝土墩、台，墩、台身安装，台背填土，就地浇筑梁、板，预制安装梁、板，就地浇筑拱圈，混凝土桥面板桥面防水层，支座垫石和挡块，支座安装，伸缩装置安装，栏杆安装，混凝土护栏，桥头搭板，砌体坡面护坡，混凝土构件表面防护，桥梁总体等
	涵洞、通道（1～3km 路段）①	钢筋加工及安装，涵台，管节预制，混凝土涵管安装，波形钢涵管安装，盖板制作，盖板安装，箱涵浇筑，拱涵浇（砌）筑、倒虹吸竖井、集水井砌筑，一字墙和八字墙，涵洞填土，顶进施工的涵洞，砌体坡面防护，涵洞总体等
	防护支挡工程（1～3km 路段）①	砌体挡土墙，墙背填土，边坡锚固护，土钉支护，砌体坡面防护，石笼防护，导流工程等
	大型挡土墙、组合挡土墙（每处）	钢筋加工及安装，砌体挡土墙，悬臂式挡土墙，扶壁式挡土墙，锚杆、锚定板和加筋土挡土墙，墙背填土等
路面工程（每 10km 或每标段）	路面工程（1～3km 路段）①	垫层，底基层，基层，面层，路缘石，路肩等
桥梁工程②（每座或每合同段）	基础及下部构造（1～3 墩台）③	钢筋加工及安装，预应力筋加工和张拉，预应力管道压浆，混凝土扩大基础，钻孔灌注桩，挖方桩，沉入桩，灌注桩桩底压浆，地下连续墙，沉井，沉井、钢围堰的混凝土封底，承台等大体积，混凝土结构，砌体，混凝土墩、台，墩台身安装，支座垫石和挡块，拱桥组合桥台，台背填土等

单位工程	分部工程	分项工程
桥梁工程 （每座或每合同段）	上部构造预制和安装 （1～3跨）③	钢筋加工及安装，预应力筋加工和张拉，预应力管道压浆，预制安装安装梁、板，悬臂施工梁，顶推施工梁，转体施工梁，拱圈节段预制，拱的安装，转体施工拱，中下承式拱吊杆和柔性系杆，刚性系杆，钢梁制作，钢梁安装，钢梁防护等
	上部构造现场浇筑 （1～3跨）③	钢筋加工及安装，预应力筋加工和张拉，预应力管道压浆，就地浇筑梁、板，悬臂施工梁，就地浇筑拱圈，劲性骨架混凝土拱，钢管混凝土拱，中下承式拱吊杆和柔性系杆，刚性系杆等
	桥面系、附属工程及桥梁总体	钢筋加工及安装，混凝土桥面板桥面防水层，钢桥面板上的水黏结层，混凝土桥面板桥面铺装，钢桥面板上沥青混凝土铺装，支座安装，伸缩装置安装，人行道铺设，栏杆安装，混凝土护栏，钢桥上钢护栏安装，桥头搭板、混凝土小型构件预制、砌体坡面护坡，混凝土构件表面防护，桥梁总体等
	防护工程	砌体坡面护坡，护岸④，导流工程等
	引道工程	见路基工程、路面工程的分项工程
隧道工程⑤ （每座或每合同段）	总体及装饰装修（每座或每合同段）	隧道总体、装饰装修工程
	洞口工程（每个洞口）	洞口边仰防护，洞门和翼墙的浇（砌筑），截水沟，洞口排水沟，明洞浇筑，洞防水层，明洞回填
	洞身开挖（100延米）	洞身开挖
	洞身衬砌（100延米）	喷射混凝土，锚杆，钢筋网，钢架，仰拱，仰拱回填，衬砌钢筋，混凝土衬砌，超前锚杆，超前小导管，管棚
	防排水（100延米）	防水层，止水带，排水
	路面（1～3km路段）①	基层，面层
	辅助通道（100延米）⑥	洞身开挖，喷射混凝土，锚杆，钢筋网，钢架，仰拱，仰拱回填，衬砌钢筋，混凝土衬砌，超前锚杆，超前小导管，管棚，防水层，止水带，排水
绿化工程 （每合同段）	分隔带绿地、边坡绿地、护坡道绿地、碎落台绿地、平台绿地（每2km路段）互通式立体交叉区与环岛绿地、管理养护设施区绿地、服务设施区绿地、取、弃土场绿地（每处）	绿地整理、树木栽植，草坪、草本地被及花卉种植，喷播绿化
声屏障工程 （每合同段）	声屏障工程（每处）	砌块体声屏障，金属结构声屏障，复合结构声屏障
交通安全设施 （每20km或每标段）	标志、标线、突起路标、轮廓标（5～10km路段）①	标志、标线、突起路标、轮廓标
	护栏（5～10km路段）①	波形梁护栏，缆索护栏，混凝土护栏，中央分隔带开口护栏
	防眩设施、隔离栅、防落物网（5～10km路段）①	防眩板，防眩网，隔离栅，防落物网等
	里程碑和百米桩（5km路段）	里程碑，百米桩
	避险车道（每处）	避险车道

单位工程	分部工程	分项工程
交通机电工程	其分部、分项工程划分见《公路工程质量检验评定标准　第二册　机电工程》	
附属设施	管理中心、服务区、房屋建筑、收费站、养护工区等设施	按其专业工程质量检验评定标准评定

① 按路段长度划分的分部工程，高速公路、一级公路宜取低值，二级及二级以下公路可取高值。

② 分幅桥梁按照单幅划分，特大斜拉桥和悬索桥按照表 1-4 进行划分，其他斜拉桥和悬索桥可作为一个单位工程参照表 1-4 进行划分。

③ 按单孔跨径确定的特大桥取 1，其余根据规模取 2 或 3。

④ 护岸可参照挡土墙进行划分。

⑤ 双洞隧道每单洞作为一个单位工程。

⑥ 辅助通道包括竖井、斜井、平行导坑、横通道、风道、地下风机房等。

表 1-4　　　　　　　　　特大斜拉桥、特大悬索桥工程划分

单位工程	分部工程	分项工程
塔及辅助、过渡墩（每个）	塔基础	钢筋加工及安装，混凝土扩大基础，钻孔灌注桩，灌注桩桩底压浆，沉井，沉井、钢围堰的混凝土封底等
	塔承台	钢筋加工及安装，双壁钢围堰，沉井，钢围堰的混凝土封底，承台等大体积混凝土结构等
	索塔	钢筋加工及安装，预应力筋加工和张拉，预应力管道压浆，混凝土索塔，索塔钢锚箱节段制作，索塔钢锚箱节段安装，支座垫石和挡块等
	辅助墩	钢筋加工及安装，预应力筋加工和张拉，预应力管道压浆，钻孔灌注桩，灌注桩桩底压浆，承台等大体积混凝土结构，沉井、钢围堰的混凝土封底，混凝土墩、台，墩台身安装、支座垫石和挡块等
	过渡墩	
锚碇（每个）	锚碇基础	钢筋加工及安装，混凝土扩大基础，钻孔灌注桩，灌注桩桩底压浆，地下连续墙，沉井，沉井、钢围堰的混凝土封底等
	锚体	钢筋加工及安装，锚碇锚固系统制作，锚碇锚固系统安装，锚碇混凝土块体，预应力锚索的张拉与压浆，隧道锚的洞身开挖，隧道锚的混凝土锚塞体等
上部钢结构制作与防护	主缆	索股和锚头的制作与防护，主缆防护
	索鞍	索鞍制作，索鞍防护
	索夹	索夹制作，索夹防护
	吊索	吊索和锚头制作与防护
	加劲梁	钢梁制作，钢梁防护，自锚式悬索桥主缆索股的锚固系统制作等
上部结构浇筑与安装	加劲梁浇筑	混凝土斜拉桥主墩上梁段的浇筑，混凝土斜拉桥梁的悬臂施工，组合梁斜拉桥的混凝土板等
	安装	索鞍安装，主缆架设，索夹和吊索安装，悬索桥钢加劲梁安装，自锚式悬索桥主缆索股的锚固系统安装，自锚式悬索桥吊索张拉和体系转换，钢斜拉桥钢箱梁段的拼装、组合梁斜拉桥工字梁段的悬臂拼装，混凝土斜拉桥梁的悬臂施工等

单位工程	分部工程	分项工程
桥面系、附属工程及桥梁总体	桥面系	钢筋加工及安装，混凝土桥面板桥面防水层或钢桥面板上防水黏结层，混凝土桥面板桥面铺装或钢桥面板上沥青混凝土铺装
	附属工程及桥梁总体	支座安装，伸缩装置安装，人行道铺设，栏杆安装，混凝土护栏，钢桥上钢护栏安装，混凝土构件表面防护，桥头搭板，桥梁总体等

1.1.4 公路工程竣（交）工验收的条件

1. 交工验收的条件

（1）合同约定的各项内容已完成；

（2）施工单位按《公路工程质量检验评定标准》及相关规定的要求对工程质量自检合格；

（3）监理工程师对工程质量的评定合格；

（4）质量监督机构按交通运输部制定的《公路工程质量鉴定办法》对工程质量进行检测（必要时可委托有相应资质的检测机构承担检测任务），并出具检测意见；

（5）竣工文件已按交通运输部规定的内容编制完成；

（6）施工单位、监理单位已完成本合同段的工作总结。

2. 竣工验收的条件

（1）通车试运营2年后；

（2）交工验收提出的工程质量缺陷等遗留问题已处理完毕，并经项目法人验收合格；

（3）工程决算已按交通运输部规定的办法编制完成，竣工决算已经审计，并经交通主管部门或其授权单位认定；

（4）竣工文件已按交通运输部规定的内容完成；

（5）对需进行档案、环保等单项验收的项目，已经有关部门验收合格；

（6）各参建单位已按交通运输部规定的内容完成各自的工作报告；

（7）质量监督机构已按交通运输部规定的公路工程质量鉴定办法对工程质量检测鉴定合格，并形成工程质量鉴定报告。

1.1.5 公路工程竣工验收的依据

（1）批准的工程可行性研究报告；

（2）批准的工程初步设计、施工图设计及变更设计文件；

（3）批准的招标文件及合同文本；

（4）行政主管部门的有关批复、批示文件；

（5）交通运输部颁布的公路工程技术标准、规范、规程及国家有关部门的相关规定。

1.1.6 公路工程竣（交）工验收的内容

1. 交工验收的主要工作内容

（1）检查合同执行情况；

（2）检查施工自检报告、施工总结报告及施工资料；

（3）检查监理单位独立抽检资料、监理工作报告及质量评定资料；

（4）检查工程实体，审查有关资料，包括主要产品质量的抽（检）测报告；

（5）核查工程完工数量是否与批准的设计文件相符，是否与工程计量数量一致；

（6）对合同是否全面执行、工程质量是否合格作出结论，按交通主管部门规定的格式签署合同段交工验收证书；

（7）按交通运输部规定的办法对设计单位、监理单位、施工单位的工作进行初步评价。

公路工程各合同段验收合格后，项目法人应按交通运输部规定的要求及时完成项目交工验收报告，并向交通主管部门备案。国家、部重点公路工程项目中 100km 以上的高速公路、独立特大型桥梁和特长隧道工程向省级人民政府交通主管部门备案，其他公路工程按省级人民政府交通主管部门的规定向相应的交通主管部门备案。

公路工程各合同段交工验收合格后，质量监督机构应向交通主管部门提交项目的检测报告。交通主管部门在 15 天内未对备案的项目交工验收报告提出异议，项目法人可开放交通进入试运营期。试运营期不得超过 3 年。在交工验收时，项目法人应负责组织公路工程各合同段的设计、监理、施工等单位参加交工验收。拟交付使用的工程，应邀请运营和养护管理单位参加。交工验收提出的工程质量缺陷等遗留问题，由施工单位限期完成。

2. 竣工验收的主要工作内容

（1）成立竣工验收委员会；

（2）听取项目法人、设计单位、施工单位、监理单位的工作报告；

（3）听取质量监督机构的工作报告及工程质量鉴定报告；

（4）检查工程实体质量、审查有关资料；

（5）按交通运输部规定的办法对工程质量进行评分，并确定工程质量等级；

（6）按交通运输部规定的办法对参建单位进行综合评价；

（7）对建设项目进行综合评价；

（8）形成并通过竣工验收鉴定书。

公路工程符合竣工验收条件后，项目法人应按照项目管理权限及时向交通主管部门申请验收。交通主管部门应当自收到申请之日起 30 日内，对申请人递交的材料进行审查，对于不符合竣工验收条件的，应当及时退回并告知理由；对于符合验收条件的，应自收到申请文件之日起 3 个月内组织竣工验收。

竣工验收委员会由交通主管部门、公路管理机构、质量监督机构、造价管理机构等单位代表组成。大中型项目及技术复杂工程，应邀请有关专家参加。国防公路应邀请军队代表参加。项目法人、设计单位、监理单位、施工单位、接管养护等单位参加竣工验收工作。

负责组织竣工验收的交通主管部门对通过验收的建设项目按交通运输部规定的要求签发"公路工程竣工验收鉴定书"。

通过竣工验收的工程，由质量监督机构依据竣工验收结论，按照交通运输部规定的格式对各参建单位签发工作综合评价等级证书。

1.1.7　竣工验收工作各方的主要职责

1. 参加交工验收单位的主要职责

（1）项目法人负责组织各合同段参建单位完成交工验收工作的各项内容，总结合同执行

过程中的经验,对工程质量是否合格作出结论;

(2)设计单位负责检查已完成的工程是否与设计相符,是否满足设计要求;

(3)监理单位负责完成监理资料的汇总、整理,协助项目法人检查施工单位的合同执行情况,核对工程数量,科学公正地对工程质量进行评定;

(4)施工单位负责提交竣工资料,完成交工验收准备工作。

2.参加竣工验收工作各方的主要职责

(1)竣工验收委员会负责对工程实体质量及建设情况进行全面检查。按交通运输部规定的办法对工程质量进行评分,对各参建单位进行综合评价,对建设项目进行综合评价,确定工程质量和建设项目等级,形成工程竣工验收鉴定书。

(2)项目法人负责提交项目执行报告及验收所需资料,协助竣工验收委员会开展工作。

(3)设计单位负责提交设计工作报告,配合竣工验收检查工作。

(4)监理单位负责提交监理工作报告,提供工程监理资料,配合竣工验收检查工作。

(5)施工单位负责提交施工总结报告,提供各种资料,配合竣工验收检查工作。

1.1.8 验收阶段

如前所述,公路工程项目验收可分为两个阶段,即交工验收和竣工验收。在两个大的阶段下还可以根据责任单位、工作内容、工作步骤进一步细化。

交工验收可进一步细化为合同段交工验收和整个项目交工验收。

合同段交工验收可细化为三个步骤,即施工单位自检、监理工程师评定、项目法人组织验收。

所有合同段交工验收完成(即整个工程项目交工验收完成)工程将进入试运营期。在进入试运营期前,质量监督机构要进行质量检测,所以整个项目的交工验收还可以再细化为质量监督机构检测和项目法人验收两个步骤。

竣工验收也可进一步细化为交通主管部门运营审查、环保、档案等专项工程验收和质量监督机构检测鉴定、竣工验收委员会验收等步骤。

所以,一个公路工程项目的验收可以分为两个阶段,细化为十个步骤。见表1-5。

表 1-5　　　　　　　　　公路工程项目验收工作的阶段、步骤

阶段	步骤	
交工验收	施工单位自检	步骤一
	监理工程师评定	步骤二
	质量监督机构质量检测	步骤三
	项目法人合同段交工验收	步骤四
	项目法人完成项目交工验收报告并报备	步骤五
竣工验收	交通主管部门运营审查	步骤六
	环保、档案等专项工程验收	步骤七
	项目法人自查	步骤八
	质量监督机构质量检测鉴定	步骤九
	竣工验收委员会竣工验收	步骤十

1.1.9　竣（交）工合并验收

对于建设规模较小、等级较低的公路建设项目，可将交工验收和竣工验收合并进行。具体标准由省级人民政府交通主管部门结合本地区的具体情况制订。合并验收具体标准的确定要考虑多种情况，主要包括道路等级、工程项目的性质、建设程序、资金来源、投资大小等。

一般在下述情况下，可考虑合并验收：

（1）里程较短的三级及三级以下公路的新建改建工程，一般小于 20km，或投资额小于 1000 万元的改建项目，可将交工验收、竣工验收合并进行。

（2）边施工边通车，施工过程中一直受到行车检验，或仅以路面工程为主，工程内容简单的公路改建工程项目，可将交工验收、竣工验收合并进行。

（3）对于等级较低，或者投资额度较小的农村公路新建、改建项目，许多不具备严格执行基本建设程序，难以完全落实基本建设四项制度的项目，监理单位没有独立抽检的试验资料，施工单位的自检资料往往也不齐全，可合并验收。

（4）利用专项扶贫基金、以工代赈补助资金，采用农民投工投劳形式组织建设的农村公路建设项目，可合并验收，并简化验收程序。

根据工程验收各个阶段的任务和作用，结合上述一般小型工程项目的特点及工程管理的实际，小型工程项目合并验收可按以下步骤进行：

步骤一：施工单位自检；

步骤二：监理、项目法人工程质量评定；

步骤三：质量监督机构质量检测鉴定；

步骤四：竣工验收委员会竣工验收。

1.1.10　验收的评价及等级

1. 交工验收的评价

在交工验收阶段要进行两项评价工作：一是对工程质量进行评价；二是对设计工作、监理工作、施工管理进行初步评价。

交工验收阶段工程质量评价包括合同段工程质量评价和整个项目工程质量评价。合同段工程质量评价分别由施工单位、监理工程师、项目法人负责进行，依据都是《公路工程质量检验评定标准》。施工单位首先要对本合同段工程质量进行自检评价，达到合格后，监理工程师根据抽检资料，对本合同段工程质量进行评价。监理工程师对合同段工程质量评价合格后，项目法人再根据掌握的资料（需要时可进行检测），对合同段工程质量进行评价（审定）。

需要强调的是，项目法人在交工验收阶段对合同段工程质量的评定，在许多情况下可能是对监理工程师评价结论的审定，但合同段工程交工验收的工程质量最终评价结论以项目法人的评价结论为准。

整个项目的工程质量评价，由项目法人根据各合同段的评价结论，按照验收办法规定的方法进行。项目法人对合同段和整个项目工程质量的评价结论负责。

对设计工作、监理工作、施工管理的初步评价由项目法人组织，按照验收办法规定的内容和方法进行。

2. 竣工验收的评价

在竣工验收阶段要进行三项评价工作：一是对工程质量评价，二是对建设项目综合评价，三是对建设管理、设计工作、监理工作、施工管理进行最终综合评价。

竣工验收阶段工程质量评价包括合同段工程质量评价和整个项目工程质量评价。合同段工程质量评价由质量监督机构按照《公路工程质量鉴定办法》（交公路发〔2004〕446 号）的规定进行。整个项目工程质量评价由竣工验收委员会根据验收办法规定的方法，按照交工验收时项目法人对整个项目的质量评价、质量监督机构在竣工验收前对工程的质量鉴定评价和竣工验收委员会委员在竣工验收时的质量评价为依据进行，工程项目最终的工程质量评价以竣工验收时的评价结论为准。

对建设项目的综合评价，由竣工验收委员会根据验收办法规定的方法进行。

对建设管理、设计工作、监理工作、施工管理的评价，由竣工验收委员会按照验收办法规定的方法进行。其中建设管理按整个项目进行，设计工作、监理工作、管理按合同段进行。参建单位最终的评价结论，以竣工验收时的评价结论为准。

3. 评价等级

交工验收时的两项评价，只对第一项评价，即工程质量的评价分合同段和整个项目，按合格与不合格两个等级进行。对设计、监理、施工单位的初步评价不分等级。

竣工验收时的三项评价均分等级：对整个项目工程质量按照合格、不合格两个等级进行评价；对合同段工程质量由质量监督机构在合同段工程质量鉴定时，按合格与不合格两个等级进行；对建设项目综合评价按照合格、不合格两个等级；对参建单位综合评价（建设、设计、监理、施工）按照好、中、差三个等级进行。

1.1.11 验收工作的衔接

公路工程验收工作历时长，内容复杂，参加单位多，验收各阶段的依据、内容、责任主体、要求等均不相同，验收工作又环环相扣，上一个环节会影响下一个环节的工作，任何环节出现问题都会影响整个验收工作。因此，做好各方面的衔接工作对搞好验收工作具有很重要的作用。因此，在工作衔接方面，组织验收工作的项目法人单位、交通主管部门及质量监督机构应发挥主导作用。

1. 时间衔接

验收工作的每个步骤都要有必要的工作时间，安排验收工作时要充分考虑各阶段都必须有足够的工作时间。如确定合同段验收时间时要考虑工程完成后施工单位自检资料的汇总评价、监理工程师的汇总评价的工作时间，要考虑施工单位、监理工程师及项目法人单位的申报、审查、审定的工作时间；如确定试运营的时间时，要考虑质量监督机构的检测工作时间，项目法人申请及交通主管部门的审查时间等；竣工验收时间的确定，要考虑质量监督机构的检测鉴定、项目法人申报、交通主管部门审查的工作时间等。

2. 程序衔接

验收工作的各个阶段、每个步骤都有规定的程序，上一个程序完不成就会影响下一个程序的进行。交通主管部门、项目法人单位安排验收工作时，需要根据验收办法的规定，进一步细化每个阶段、每个步骤的程序，落实各个程序的具体承办单位和承办人，验收工作过程要及时协调，确保各阶段规定程序之间的衔接。

3. 内容衔接

验收工作的每个阶段、每个步骤都有相应的工作内容，根据验收办法规定，相应的工作内容要落实到位，确保完成，才能确保验收工作顺利进行。

4. 单位之间、人员之间的工作衔接

参加验收工作的单位和人员众多，在不同阶段各个单位有不同的工作职责，每个单位不同人员的工作内容有所不同，验收中的许多工作要单位之间、人员之间共同配合才能完成。因此，参加验收工作的单位和各单位工作人员之间要很好地协调、衔接。

1.1.12　项目法人交工验收时工程质量评价办法

为了做好交工验收时的工程质量评价，项目法人应采用以下评价方法：

1. 工程质量检测

如项目法人认为对工程质量难以定性或定量评价时，可以组织或委托检测单位对工程质量进行检测，检测的内容、频率由项目法人根据工程实际自行确定。

2. 组织专家打分

组织参加交工验收的单位和人员，也可针对性邀请专家，对工程质量在现场察看、实测（需要时），并在监理工程师评分的基础上进行评分。具体评分的操作方法，项目法人可自行确定。

3. 抽查复核

对监理单位工程质量评价的资料进行抽查复核，以符合程度对监理单位所作的工程质量评价进行校正。校正系数由项目法人自行确定。

当然，还可以采用其他审定方法。由于交工验收是施工单位依据合同向项目法人交付工程，是合同双方的经济行为，无论项目法人采用什么样的工程质量评价（审定）方法，在符合有关法律法规、技术规范的前提下，最好应在监理及施工合同中予以明确，提前约定。如合同未约定的，项目法人应在开工初期制订的有关管理办法中予以明确。

总之，交工验收是项目法人的责任，对交工验收工程质量的评价结论项目法人应承担责任。项目法人要根据自己的职责，采取措施确保交工验收工程质量评价结论真实、可靠。

1.1.13　竣工验收委员会评价依据问题

在竣工验收时要进行三项评价，即竣工验收工程质量评定、参建单位综合评价、建设项目综合评价。在三项评价中，竣工验收委员会要对工程质量评定和建设管理评价分析，对设计工作综合评分进行审定。上述评定打分及审定，对竣工验收时的三项评价结果有重要影响。

1. 对工程质量评定打分的主要依据

竣工验收委员会委员对工程质量的评定打分主要依据为：

（1）质量监督机构的质量鉴定意见及重要指标复测变化情况；

（2）验收委员会各检查组对工程实体质量及内业资料的检查情况；

（3）验收委员会委员对工程现场及使用质量状况全面视察的情况。

2. 对建设管理综合评价打分及对设计工作综合评价审定的主要依据

竣工验收委员会委员对建设管理综合评价打分及对设计工作综合评价审定的主要依据为：

（1）验收委员会各检查组对建设管理综合评价表中 7 项内容、设计工作综合评价表中 3 项内容检查的情况；

（2）工程实施的实际效果；

（3）参建单位的总结、报告；

（4）验收委员会委员对工程建设管理及设计工作平时了解和掌握的情况。

1.2 工程文件的归档范围、质量要求及内容

1.2.1 工程文件的归档范围

对于工程建设有关的重要活动、记载工程建设主要过程和现状、具有保存价值的各种载体的文件，均应收集齐全，整理立卷后归档。归档文件的质量要求如下。

（1）归档的工程文件应为原件。

（2）工程文件的内容及其深度必须符合国家有关工程勘察、设计、施工、监理等方面的技术规范、标准和规程。

（3）工程文件的内容必须真实、准确，与工程实际相符合。

（4）工程文件应采用耐久性强的书写材料，如碳素墨水、蓝黑墨水，不得使用易褪色的书写材料，如红色墨水、纯蓝墨水、圆珠笔、复写纸、铅笔等。

（5）工程文件应字迹清楚，图样清晰，图表整洁，签字盖章手续完备。

（6）工程文件中文字材料幅面尺寸规格宜为 A4 幅面（297mm×210mm）。图纸宜采用国家标准图幅。

（7）工程文件的纸张应采用能够长期保存的、韧力大、耐久性强的纸张。图纸一般采用蓝晒图，竣工图应是新蓝图。计算机出图必须清晰，不得使用计算机出图的复印件。

（8）所有竣工图均应加盖竣工图章。

竣工图章的基本内容应包括"竣工图"字样、施工单位、编制人、审核人、技术负责人、编制日期、监理单位、现场监理、总监。

1.2.2 工程文件归档质量要求

工程文件归档是指工程文件形成单位即建设、勘测、设计、施工、监理等单位完成其工作任务后，将其工程建筑过程中形成的文件整理、立卷后，按规定移交档案管理机构。

工程文件归档应符合以下规定：

（1）归档文件必须完整、准确、系统，能够反映工程建设活动的全过程。文件材料归档范围及质量应符合有关要求。

（2）归档文件必须经过分类整理，并应组成符合要求的案卷。

（3）根据建设程序和工程特点，归档可以分阶段进行，也可以在单位工程或分部工程通过竣工验收后进行。

（4）勘测、设计单位应当在完成任务时，施工、监理单位应当在工程竣工验收前，将各自形成的有关工程档案向建设单位归档。

（5）勘测、设计、施工单位在收齐工程文件并整理立卷后，建设单位、监理单位应依据档案管理机构的要求对档案文件完整、准确、系统情况和案卷质量进行审查。审查合格后向建设单位移交。

（6）工程档案一般不少于两套：一套由建设单位保管，另一套（原件）移交有关档案馆。

（7）勘测、设计、施工、监理等单位向建设单位移交档案时，应编制移交清单，双方签字盖章后方可交接。

（8）如勘测、设计、施工、监理等单位需要向本单位归档的文件，应按国家有关规定和规范要求单独立卷归档。

1.2.3　工程文件归档资料总栏目

归档文件必须完整、准确、系统，能够反映工程建设活动的全过程。文件材料归档资料总栏目详见表 1-6。

表 1-6　　　　　　　　　　　　　　文件材料归档资料总栏目

序号	归档文件	编制单位
	第一部分　综合文件（GL5·1·××·1）	
第一册	竣（交）工验收文件	建设单位
1	竣工验收文件	建设单位
2	交工验收文件	建设单位
3	各参建单位总结报告	参建单位
第二册	配套工程验收文件	建设单位
1	机电工程验收文件	建设单位
2	房建工程验收文件	建设单位
3	环保工程验收文件	建设单位
4	档案验收文件	建设单位
第三册	建设依据及上级有关指示	建设单位
1	项目建议书及批准文件	建设单位
2	工程可行性研究报告及批准文件	建设单位
3	工程申请报告及批准文件	建设单位
4	水土保持批准文件	建设单位
5	环境影响评价及批准文件	建设单位
6	文物调查、保护等文件	建设单位
7	初步设计文件及审批文件	建设单位
8	施工图设计文件及审批文件	建设单位
9	设计变更文件及批准文件	建设单位
10	设计中重大技术问题来往文件、会议纪要	建设单位
11	上级单位有关指示	建设单位
第四册	征地拆迁资料	建设单位
1	征地拆迁合同协议	建设单位
2	征地批文及会议纪要	建设单位
3	征用土地数量一览表	施工单位提供建
4	占地图及土地使用证（占地图比例同设计）	设单位汇总整理
5	拆迁数量一览表	施工单位提供建
6	其他资料	设单位汇总整理
第五册	工程管理文件	建设单位
1	招标文件	建设单位
2	投标文件、评标报告	建设单位

序号	归档文件	编制单位
3	合同书、协议书、公证书	建设单位
4	技术文件及补充文件	建设单位
5	建设单位往来文件	建设单位
6	其他文件及资料	建设单位
第二部分	决算和审计文件（GL5·1·××·2）	
第一册	支付报表	建设单位
第二册	财务决算文件	建设单位
第三册	工程决算文件	建设单位
第四册	项目审计文件	建设单位
第五册	其他文件	建设单位
第三部分	监理资料（GL5·1·××·3）	
第一册	监理管理文件	监理单位
第二册	工程质量控制文件	监理单位
1	质量控制措施、规定及往来文件	监理单位
2	材料试验、检测资料	监理单位
3	监理独立抽检资料	监理单位
4	交工验收工程质量评定资料	监理单位
第三册	工程进度计划管理文件	监理单位
第四册	工程合同管理文件	监理单位
第五册	其他文件	监理单位
第六册	监理日志	监理单位
第七册	会议纪要、记录	监理单位
第八册	工程照片及音像资料	监理单位
第四部分	施工资料（GL5·1·××·4）	
第一册	竣工图表	施工单位
1	变更设计一览表	施工单位
2	变更图纸	
3	工程竣工图	施工单位
第二册	工程管理文件	施工单位
第三册	施工质量控制文件	施工单位
（一）	工程质量文件	施工单位
1	工程质量来往文件	施工单位
2	工程质量自检报告及工程质量检验评定资料	施工单位
3	安全质量事故及处理情况报告、补救后达到要求的认可证明文件	施工单位
4	桥梁竣工验收荷载试验报告	施工单位
5	桥梁基础、梁的预制等强度、完整性检验资料	施工单位
6	施工中遇到的非正常情况记录、处理方案、施工工艺、质量检测记录及观察记录、对工程质量影响分析	施工单位
7	交工验收施工单位的试验、检测、评定资料	施工单位
（二）	试验、检测报告	施工单位
1	各种原材料试验报告	施工单位
2	混凝土、砂浆配合比试验报告	施工单位
3	原材料、外购产品、半成品抽检、试验资料	施工单位
4	击实试验报告	施工单位

序号	归档文件	编制单位
5	路面结构层配合比设计报告	施工单位
6	外购材料（产品）合格证书及检测报告、质量鉴定报告	施工单位
7	机电设备、监控设备成品合格证、试验、调试记录	施工单位
（三）	施工原始资料	施工单位
（Ⅰ）	路基工程	施工单位
1	路基土石方工程	施工单位
(1)	地表处理资料	施工单位
(2)	不良地质处理方案、施工资料、检测资料	施工单位
(3)	分层压实资料	施工单位
(4)	路基检测、验收资料	施工单位
(5)	分段资料汇总	施工单位
2	构造物及防护工程	施工单位
(1)	基坑开挖、处理试验、检测资料	施工单位
(2)	各工序施工记录、检测、试验资料	施工单位
(3)	成品检测资料	施工单位
(4)	砂浆（混凝土）强度实验	施工单位
3	小桥工程	施工单位
(1)	基坑处理、检查记录	施工单位
(2)	基础处理、处理、试验记录	施工单位
(3)	各分项工程施工检查、施工、试验记录	施工单位
(4)	质量检查记录	施工单位
4	排水工程	施工单位
(1)	各工序施工、检测记录	施工单位
(2)	砂浆、混凝土强度试验资料	施工单位
(3)	成品检查记录	施工单位
(4)	分段质量检测资料汇总	施工单位
5	涵洞工程	施工单位
(1)	基坑开挖、处理记录	施工单位
(2)	各工序施工、检查记录资料	施工单位
(3)	砂浆、混凝土试验资料	施工单位
(4)	成品检查资料	施工单位
（Ⅱ）	路面工程	施工单位
1	压实度检测资料	施工单位
2	强度检测、试验资料	施工单位
3	材料配合比检测、试验资料	施工单位
4	各工序施工检测记录	施工单位
5	检查资料汇总	施工单位
（Ⅲ）	桥梁工程	施工单位
1	基坑开挖、处理施工记录、检查资料	施工单位
2	基础施工检查资料，桩基检测资料	施工单位
3	现浇构件施工、检测、试验资料	施工单位
4	预制构件施工、检测、试验资料	施工单位
5	预制构件张拉、压浆检查资料	施工单位
6	外构件检查记录	施工单位

序号	归档文件	编制单位
7	按施工工序各中间环节检查记录	施工单位
8	混凝土、砂浆强度试验资料	施工单位
9	各部位检查、验收资料	施工单位
10	引道工程、防护工程施工、检测、检查记录	施工单位
（Ⅳ）	隧道工程	施工单位
1	洞身开挖施工、检查资料	施工单位
2	衬砌施工、检查资料	施工单位
3	隧道路面工程施工、检查记录	施工单位
4	照明、通风、消防设施工、检查记录	施工单位
5	洞口施工检查记录	施工单位
6	各种附属设施检验施工记录	施工单位
7	各环节工序检查、验收资料	施工单位
8	隧道衬砌厚度、混凝土强度检验资料	施工单位
（Ⅴ）	交通安全设施	施工单位
1	各种标志牌制作安装检查记录	施工单位
2	标线检查资料、施工记录	施工单位
3	防撞护拦、隔离栅及附属设施施工、检查资料	施工单位
4	照明系统施工、检测资料	施工单位
5	各中间环节检测资料	施工单位
6	成品检测资料	施工单位
7	其他实测资料	施工单位
（Ⅵ）	收费站等房建施工资料	施工单位
（Ⅶ）	收费、监控、通信系统	施工单位
（Ⅷ）	绿化工程等施工资料	施工单位
第四册	施工安全及文明施工文件	施工单位
1	安全生产的有关文件	施工单位
2	安全事故的调查处理文件	施工单位
3	文明施工的有关文件	施工单位
第五册	进度控制文件	施工单位
1	进度计划（文件、图表）、批准文件	施工单位
2	进度执行情况（文件、图表）	施工单位
3	有关进度的往来文件	施工单位
第六册	计量支付文件	施工单位
第七册	合同管理文件	施工单位
第八册	施工原始记录	施工单位
1	施工日志	施工单位
2	天气、温度及自然灾害记录	施工单位
3	测量原始记录	施工单位
4	各工序施工原始记录	施工单位
5	会议记录、纪要	施工单位
6	施工照片、音像资料	施工单位
7	其他原始资料	施工单位
	第五部分　科研、新技术资料（GL5·1·××·5）	
第一册	科研资料	承办课题研究
第二册	新技术应用资料	及实施单位

1.3 竣工档案分类编号办法

竣工文件以单位工程为单元，按照《交通运输部科学技术档案分类编号办法》中确定的公路工程类目进行分类。

1. 档号

由档案分类号和案卷顺序号组成。

2. 档案分类号

公路工程竣工文件材料分为五大类别。

第一级至第三级类目固定不变，第四级类目为建设项目代号，国道与高速公路项目代号可用国家交通运输部分配的项目数字编号，省级公路可用省交通管理部门规划的数字编号，其他项目可用地方交通管理部门分配的数字编号，例如某国道项目为107，它的项目编号可采用107。建设起止点由汉语拼音第一个字母和某段起止点的汉语拼音第一个字母组成，中间加"·"（例如，郑州至许昌段高速公路，则表示为 ZZ. XC）；五级类目按建设项目竣工文件形成的先后分为五大类：综合文件、决算和审计文件、监理资料、施工资料和科研、新技术资料，分别用1、2、3、4、5表示。

3. 档号的形式

GL5·1·××·X—××

"GL5"：GL 为一级类目（公路），5 为二级类目（公路工程）；

"·"及"—"：类别符号或层次的区别符号；

"1"：三级类目（道路）；

"××"：四级类目（建设项目代号）；

"X"：五级类目（文件材料的五大类文件）；

"××"：案卷顺序号。

4. 举例说明

北京至珠海高速公路郑州至许昌段施工文件的档号编写为：

GL5·1·ZZ·XC·4—××

5. 档号章

（1）档号章用红色印泥加盖在每件文件首页的左上角，距上边沿 10mm，左边沿 20mm 的位置。

（2）档号章格式与尺寸如图 1-1 所示。档号章内的"档号内容"可刻制至四级类目（刻制字体用 4 号仿宋体），五级类目和顺序号可用钢笔填写。

档号章		
档号		
件号		页数

4×15mm 2×10mm

图 1-1 档案章格式与尺寸

1.4 工程文件的立卷

1.4.1 术语

1. 公路工程项目（Road Project）

经批准按照一个总体设计进行施工，经济上实行统一核算，行政上具有独立组织形式，实行统一管理的工程基本建设单位。它由一个或若干个具有内在联系的工程所组成。

2. 单位工程（Single Project）

具有独立的设计文件，竣工后可以独立发挥生产能力或工程效益的工程，并构成建设工程项目的组成部分。

3. 分部工程（Subproject）

单位工程中可以独立组织施工的工程。

4. 工程文件（Project Document）

在工程建设过程中形成的各种形式的信息记录，包括工程准备阶段文件、监理文件、施工文件、竣工图和竣工验收文件，也可简称为工程文件。

5. 工程准备阶段文件（Seedtime Document of a Construction Project）

工程开工以前，在立项、审批、征地、勘察、设计、招投标等工程准备阶段形成的文件。

6. 监理文件（Project Management Document）

监理单位在工程设计、施工等监理过程中形成的文件。

7. 施工文件（Constructing Document）

施工单位在工程施工过程中形成的文件。

8. 竣工图（As-Build Drawing）

工程竣工验收后，真实反映建设工程项目施工结果的图样。

9. 竣工验收文件（Handing Over Document）

工程项目竣工验收活动中形成的文件。

10. 工程档案（Project Archive）

在工程建设活动中直接形成的具有归档保存价值的文字、图表、声像等各种形式的历史记录，也可简称工程档案。

11. 案卷（File）

由互有联系的若干文件组成的档案保管单位。

12. 立卷（Filing）

按照一定的原则和方法，将有保存价值的文件分门别类整理成案卷，亦称组卷。

13. 归档（Putting Into Record）

文件形成单位完成其工作任务后，将形成的文件整理立卷后，按规定移交档案管理机构。

1.4.2 组卷及书写要求

（1）案卷内文件材料所反应的工程项目情况和有关管理活动内容，必须做到完整、准确、系统。

（2）竣工文件材料书写要工整，字迹、线条要清晰。

（3）案卷内文件的制作和书写材料，必须利于长期保存。书写材料必须使用碳素墨水，禁止使用蓝墨水、圆珠笔和铅笔。凡由易褪色书写材料制成的文件（如复写、传真件）应复印保存。

（4）归档文件的文字及表格统一采用 A4 型纸，竣工图纸可采用其他格式的纸张。对文件内的文字要采用宋体或者仿宋体。

（5）档案内应尽量减少重份文件，件内不应有重页文件。

1.4.3　卷内文件的排列

（1）公路工程竣工文件材料归档前，均需要按照有关要求以文件材料形成单位分别进行整理组卷。组卷应遵循公路工程文件材料的自然形成规律和档案的完整性、准确性、系统性的原则，分类科学，便于查找利用。

（2）管理性文件按问题、重要程度排列。

（3）项目技术文件材料按本书的有关章节要求排列。

（4）设备文件按类型、设计开箱验收、随机图样、设备安装调试和运行维修等材料排列。

（5）竣工图按里程、专业、图号排列。

（6）卷内文件一般文字材料在前，图样在后。

1.4.4　案卷的编目

（1）案卷按照先后次序包括案卷封面和脊背、卷内目录、卷内文件、备考表、借卷守则。

（2）案卷页号：

1）案卷内文件材料均以书写内容的页面编写页号。

2）页号的位置：单面书写的文件，在右下角编写页号；双面书写的文件材料，正面在右下角，背面在左下角编写页号。

3）案卷内目录、备考表不编页号。

4）每案卷内资料的页号，按流水号编写，从"1"开始编号。

5）页号暂用铅笔编写，待资料审定成形后，再使用打码机打印。

1.4.5　案卷封面的编制

（1）案卷封面采用案卷外封面形式，外封面印制在案卷盒的正表面。式样参考图1-2。

（2）案卷题名：案卷题名应简明、准确，提示卷内文件材料的内容。每一案卷题名应包括建设项目名称、起讫里程、单位工程名称及文件名称。若属桥梁、隧道等工程项目，还应标明结构部位的名称。

例如，管理性文件案卷题名的表示方式：

建设项目名称＋责任者＋问题＋文件名称

××至××段高速公路指挥部关于加强资料管理的通知、函

项目技术性案卷题名的表示形式：

××高速公路××合同＋起讫桩号＋××工程＋结构文件名称

××高速公路××合同××桩号路基工程填前碾压检查表

（3）编制单位：指案卷形成单位。

（4）编制日期：指案卷形成日期。

（5）保管期限"关于印发《公路工程竣工文件材料立卷归档管理办法》的通知"（交办发〔2001〕390号）的规定执行。

（6）密级：应根据文件发放前按交通主管部门有关保密规定划定。

（7）档号：填写档案的分类号、合同号、册号、分册号和案卷顺序号。

（8）档案馆号：暂不填写。

（9）管理性文件按问题、重要程度排列。

（10）项目技术文件材料按本书的有关章节的要求排列。

（11）设备文件按类型、设计开箱验收、随机图样、设备安装调试和运行维修等材料排列。

（12）竣工图按里程、专业、图号排列。

（13）卷内文件一般文字材料在前，图样在后。

1.4.6 案卷脊背的编制

脊背的项目有档号和案卷题名，格式如图 1-3 所示。档号的内容可用四号宋体，分两行进行横排打印。

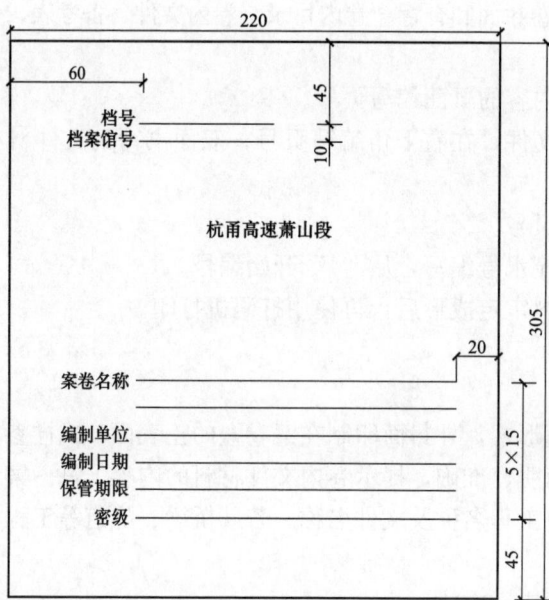

图 1-2　案卷封面

图 1-3　案卷的里脊
单位：mm；盒宽 D 分别为 20、30、40、50、60。

注：1. 本图尺寸单位：mm；

2. 案卷盒为 220×310；

3. 外封面印刷字体："档号、档案馆号"用三号仿宋体字体加粗；

4. "案卷题名、编制单位、编制日期、保管期限、密级"用二号仿宋体字加粗，直线用细直线；

5. 工程项目名称用大粗号宋体字体一行排列，印制在档案盒中央部位。

示例：

第一行：G15·1·××·××

第二行：4—××

说明："××·××"表示项目代号；"××"表示案卷顺序号，用铅笔进行填写。

题名内容填写向左竖写，首行空两字。档号打印，要求"字头向右，躺着打"。案卷题名的前段工程项目名称不能省略。脊背内容统一打印在与案卷颜色相近的牛皮纸上，再粘贴

在脊背对应位置。或打印在蜡纸上，印刷在相应的位置。贴纸要求比脊背宽度窄 2mm，以防取档案时把纸边拉卷。

1.4.7 卷内备考表的编制

1. 文件编号（图 1-4）

发文机关文书部门的发文号或图样的图号。

2. 责任者

填写文件材料直接形成的单位或部门，可采取通用的标准简称。

3. 文件材料标题

（1）原文上有标题的，可以照录下来。

（2）原文上的标题太简单或者没有，应重新拟写一个符合文件材料内容的标题，外加"［ ］"号。

（3）填写"文件材料题名"一横格内不能超过三行字。

（4）若填写的文件的形成时间，填写时间可以省略"年、月、日"字样，在表示年、月、日的数字下右下角加"."号，单月单日用零补充。

示例：2010 年 8 月 8 日可填写为"2010.08.08"。

（5）页数：按页号顺序填写（起始页号至终止页），从"1"开始编排。

（6）卷内目录排列在卷内文件材料首页之前。

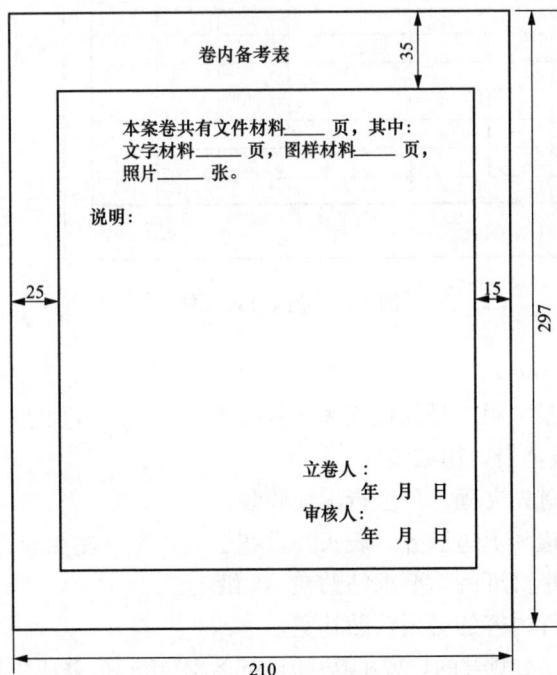

图 1-4 卷内备考表

1.4.8 案卷装订的要求

（1）案卷由案卷封面和卷脊、文件封面和总目录、竣工文件组册及档号一览表、卷内目录、卷内文件及备考表组成。

（2）案卷采用不装订形式，文件材料以件为单位放在卷内。案卷内务部分的内容按照："封面＋扉页＋总目录＋竣工文件组册及档号一览表＋卷内目录＋文件材料＋备考表"的顺序排列。

（3）管理性文件以每份文件作为一件，文件阅办单在前。

（4）项目技术文件应根据组卷要求，以件为单位进行组合。并制订统一的件封面、卷内目录（图 1-5）。

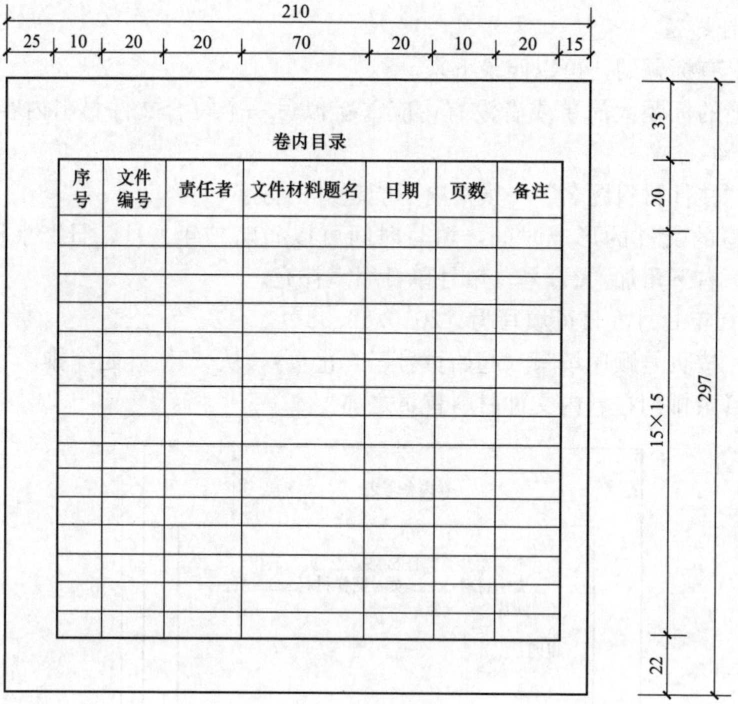

图 1-5　卷内目录式样

1）尺寸单位均为：mm；

2）字体："卷内目录"用二号加粗宋体，其他字体采用三号加粗仿宋体；

3）边框采用粗实线，表内用细实线。

（5）文件审定后，首先夹固，再进行无线胶装订。

（6）装订时靠装订边和下边取齐，表头要求在上或在左，左侧装订。

（7）原件有破碎或小页纸的，要求粘贴在 A4 纸上。

（8）装订线压住文件内容的必须粘贴补宽。

（9）纸张规格大于 A4 型号的，要求按 297mm×210mm 折叠成手风琴式。

1.4.9　案盒、借阅守则的制作

（1）案盒的外表尺寸 305mm×220mm；厚度尺寸 20mm、30mm、40mm、50mm、60mm。

（2）"借阅守则"（图 1-6）要求印刷在案盒封面的背面上。

1.4.10 照片及音像资料

1. 照片、音像档案的归档范围

（1）国家领导、部及省厅领导人视察公路工程项目的录音、录像带及照片。

（2）反映公路工程建设项目的重大活动，如招投标仪式，质量大检查等形成的录音、录像带及照片。

（3）记录公路工程建设项目重大事故、自然灾害及异常现象的录音、录像带及照片。

（4）工程关键工序和隐蔽工程施工时的照片。

2. 照片档案

（1）照片档案分为照片和底片。

（2）照片和底片号：案卷内照片和底片的顺序号，照片与底片编号应相同。以每张照片为单位，从 1 开始编写，写在正面右上角。底片号应用铁笔横排刻写在胶片乳剂面片边部。

（3）参见号：填写与本张照片有关系的竣工资料档案的档号。

（4）文字说明：文字说明的内容要具备六要素：事由、时间、地点、人物、背景、摄影者。要求文字简洁，语言通顺，一般不超过 200 字。

（5）总说明：一组（若干张）联系密切的照片说明。

（6）案卷题名：一个卷要拟写一个案卷题名，写在封面上。案卷题名应概括案卷内全部照片的基本主题。案卷题名一般应包括责任者、问题、名称三部分。

（7）照片档案要使用标准的照片档案盒编排成册，照片的编排顺序要按工程的分类及形成的时间顺序整理。

（8）照片档案保管期限，可根据文件材料中相关的内容确定。

3. 音像档案

（1）归档的音像档案，要经过系统整理，每盘音像要工整确切地标明：责任者、录制（摄制）时间、地点、内容（题名）、顺序号、保管期限、摄制人等项目。保管期限，可根据文件材料中相关的内容确定。

（2）音像档案，要按形成时间顺序排列，分别编写流水号。

（3）音像档案要刻录成光碟。

1.5 工程竣工图绘制

竣工图应能全面、准确反映竣工工程的实际造型和特征。

1.5.1 竣工图的具体要求

（1）竣工图应真实全面反映实际工程的竣工情况。

（2）凡设计图涉及的内容，竣工图均应反映，不得遗漏。

（3）竣工图中隐蔽工程的高程，各部尺寸和地质情况，必须标注清楚。

（4）竣工图均按 3 号图幅成图，即图纸长 420mm，宽 297mm。

借阅守则
（1）严守国家机密
（2）禁止涂改抽拆
（3）切勿私自携带
（4）不得转借散失
（5）妥善保护案卷
（6）用毕即刻归还

图 1-6 借阅守则示例

注："借阅守则"用宋体加粗小初；其他均用宋体加粗一号。

（5）竣工图框按标准竣工图框（图 1-7）的要求制作，设计说明必须改为竣工说明。

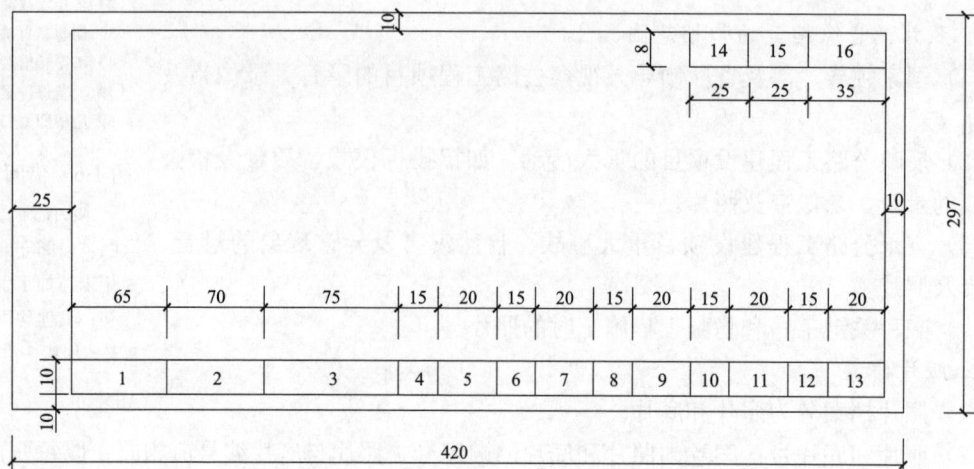

图 1-7　竣工图框示例（单位：mm）

（6）竣工图的图面要求布置合理、完整、清晰、各项数据真实准确；图纸的文字、数据、线条必须采用计算机绘制。

（7）竣工图须加盖竣工图章（图 1-8），竣工图章使用不褪色的红色印泥，盖在竣工图右下方，竣工图标之上空白处，签字必须齐全。

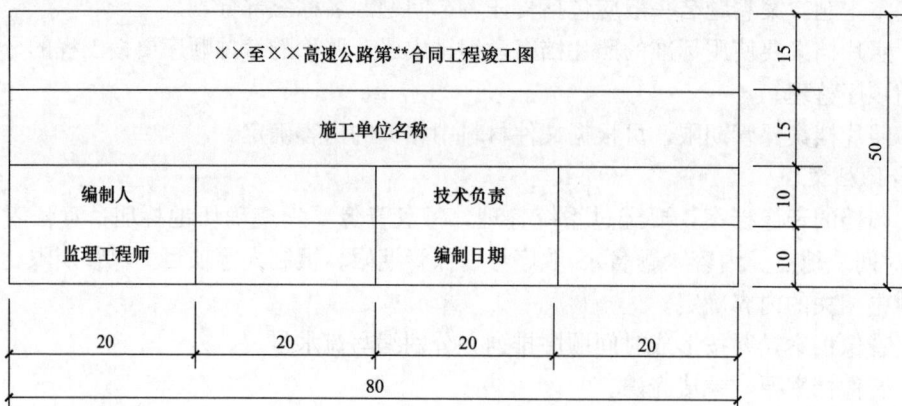

图 1-8　竣工图章示例

注：1. 本图尺寸单位为 mm；

　　2. 图章内容除签名、日期外，其他均为刻制；

　　3. 图章刻制字体为宋体，字符高宽比为 1：0.8；

　　4. 图章的第一、二行字高为 4.5mm，第三、四行字高为 4mm；

　　5. 图章中的"××"表示公路的起止地点名称，"＊＊"表示合同号，以阿拉伯数字编号。

（8）竣工图封面（图 1-9）

1.5.2　图纸绘制的具体要求

根据《道路工程制图标准》（GB 50162－1992）。

420

××高速公路第××段
××竣工图

(K××+×××—K××+×××)

设计单位	
施工单位	
监理单位	
建设单位	

4×15

297

65　　　　105

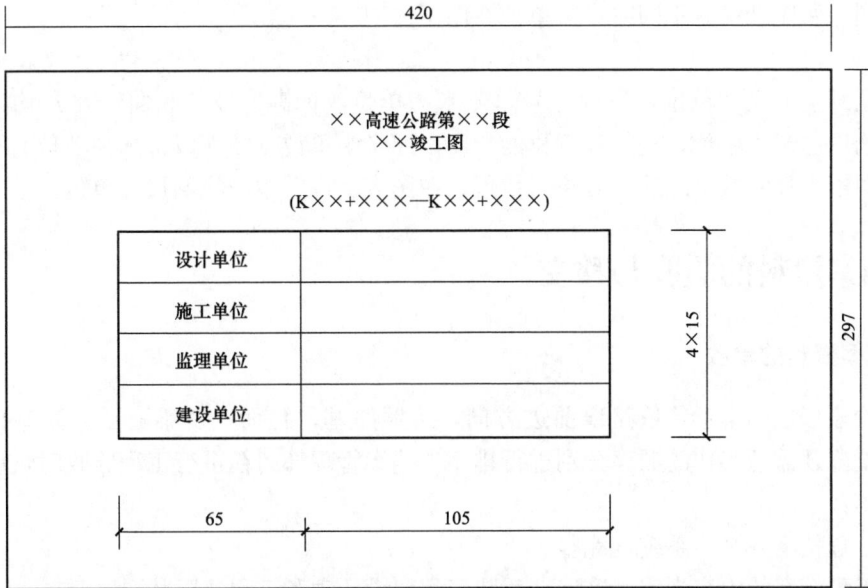

图 1-9　竣工图封面

1. 图幅及图框线型

竣工图的绘制采用 A3 图幅绘制，若内容较多，难以布置时，可将 A3 图幅加长。

（1）外图框线采用粗实线绘制，线宽为 1mm；

（2）图标内框线采用中粗线，线宽为 0.5mm，内分格线、角标线采用细实线，线宽为 0.25mm。

2. 图线

（1）每张图上的图线宽一般不能超过三种，线型使用粗实线 0.7mm、中粗线 0.35mm、细实线 0.18mm；

（2）构造线为中粗线 0.35mm；

（3）不可见构造为中虚线 0.35mm；

（4）中心线为细点画线 0.18mm；

（5）标注尺寸线为细实线 0.18mm；

（6）比例标注线为粗实线 0.7mm 及中粗线 0.35mm 组成；

（7）尺寸起止符采用箭头标注，箭头长度为 1.5mm。

3. 字体

图纸上的文字、数字、字母、符号等，均应排列整齐，布局合理，打印清晰。

（1）图纸上用来注明的汉字、数字、字母、一律采用仿宋 GB2312 号字体。标注的字高不能小于 2mm，一般字高为 2mm、2.5mm、3mm、4mm；

（2）标注尺寸一律采用阿拉伯数字注写，字号为 2～2.5mm；

（3）竣工图中的文字说明、标高、桩号、字母字号采用 2.5mm；

（4）比例标注、标题栏及角标样字号采用 4mm。

4. 比例

（1）竣工图绘制比例一般采用施工设计图中比例；

25

（2）同一张图纸中有不同时，需单独在图下注明。

5. 单位

（1）图纸上的尺寸单位，里程桩号以千米为单位，标高、坡长和曲线要素均以米为单位，构造物以厘米为单位，钢筋和钢材的长度以厘米为单位（断面以毫米为单位）；

（2）图纸上尺寸数字之后不必注写单位，在图表、说明中应注明尺寸单位。

1.6　档案资料的验收与移交

1.6.1　档案资料的验收

施工阶段形成的案卷，依路线前进方向，按照路基、路面、桥梁隧道、涵洞、交叉工程、沿线设施及监理工作的顺序分别进行排序。档案管理部门在进行工程验收时，应重点验收以下内容：

（1）工程档案齐全、系统、完整。

（2）工程档案的内容真实、准确地反映工程建设活动和工程实际状况。

（3）工程档案已经整理立卷，立卷符合规范的规定。

（4）竣工图绘制方法、图式及规格等符合专业要求，图面整洁，盖有竣工图章。

（5）文件的形成、来源符合实际，要求单位和个人签章的文件，其签章的手续完备。

（6）文件材质、幅面、书写、绘图、用墨、托裱等符合要求。

1.6.2　档案资料的移交

（1）移交时间：公路工程建设项目交工验收后 3 个月内，各参建单位向业主（代表）移交经系统整理过的全部档案资料。

（2）业主（代表）在公路工程建设项目交工验收后 3 个月内，向使用单位及其有关单位办理档案资料移交手续。

（3）项目各单位在档案资料移交时，交接双方均应清点查核后，相互办理交接签字手续，同时移交内容相同的计算机软盘。

本　章　小　结

公路工程资料管理，不仅是项目管理中的一项重要工作，也是对工程进行检查、验收、使用、维护等的依据。

公路工程验收分为交工验收和竣工验收两个阶段。

（1）交工验收是承包人将已按承包合同规定完成了的工程移交给项目法人，是工程承发包合同双方之间的一种经济行为，是工程建设项目法人实施工程管理的一项日常工作。竣工验收是项目法人将已完成的建设项目交给作为社会事务管理者及公众代表的政府，是政府对建设工程这一社会事务和经济活动进行管理的一项工作，是行政行为，是工程建设项目建设期结束，转入正式运营使用前的一个环节。

（2）根据建设任务、施工管理和质量评定的需要，在施工准备阶段，施工单位应根据《公路工程质量检验评定标准》的规定，结合工程特点，对建设项目按单位工程、分部工程和分项工程逐级进行划分，直至详细列出所有的每一个分项工程的编号、名称或内容、桩号或部位。整个工程项目中工程实体与划分的项目一一对应，单位、分部、分项的数量、位置都一目了然。施工单位、工程监理单位和建设单位应按相同的工程项目划分进行工程质量的监控和管理。

（3）工程文件归档是指工程文件形成单位即建设、勘测、设计、施工、监理等单位完成其工作任务后，将其工程建造过程中形成的文件整理、立卷后，按规定移交档案管理机构。

工程文件归档资料总栏目包括综合文件、决算和审计文件、监理资料、施工资料、科研、新技术资料等五个部分。

（4）竣工文件以单位工程为单元，按照《交通运输部科学技术档案分类编号办法》（交通部印发，1987）中确定的公路工程类目进行分类。

（5）案卷按照先后次序包括案卷封面和脊背、卷内目录、卷内文件、备考表、借卷守则。背的项目有档号和案卷题名。

（6）竣工图应能全面、准确反映竣工工程的实际造型和特征，竣工图应根据相关的制图标准进行绘制。

（7）档案资料整理完毕后，应进行验收与移交。

复 习 思 考 题

1. 简述交工验收和竣工验收的区别。

2. 交工验收的步骤是什么？

3. 公路工程一般建设项目通常划分为哪些单位工程？

4. 监理资料的归档文件包括哪些？

5. 施工资料的归档文件包括哪些？

6. 工程文件的组卷及书写要求是什么？

第2章

公路工程资料编制应用基础

知识要点

1. 了解文献资料的信息来源；
2. 掌握数据库的使用方法；
3. 掌握互联网信息检索技术；
4. 能使用数据库与互联网搜索引擎开展公路工程资料检索。

2.1 信息源

"信息"一词有着很悠久的历史，早在两千多年前的西汉，即有"信"的出现。"信"常常可以理解为"消息"。作为日常用语，"信息"通常是指"音讯、消息"，但至今对于信息，还没有一个公认的定义。广义地说，信息就是消息。一切的存在都是信息。对人类而言，人的五官生来就是为了感受信息的，它们是信息的接收器，它们所感受到的一切，都是信息。然而，大量的信息是我们的五官不能直接感受的，因此人类正通过各种手段，发明各种仪器来感知它们、发现它们。人类已经进入一个信息化时代，信息的传播极大地改变着人们的生活面貌，人类社会的发展令人眩目。热门一般所说的信息多是指信息的交流。此外，信息还可以被储存和使用。所读过的书，所听到的音乐，所看到的事物，所想到或者做过的事情，这些都是信息，公路工程资料也属于信息的一类。

信息源是指信息传递过程中的信息发送端或生成端的总称，它是信息产生的源头。信息源既包括产生原始情报的情报发生源，也包括用户赖以获得情报的任何信息渠道和信息载体。而通常认为，一切产生和持有情报的个人和机构，或者负荷情报的载体，即称为信息源。

凡是人类的知识用文字、图形、代码、符号、声频、视频等方式和技术手段记载在一定载体上每一件记录，统称为文献。在各类信息源中，文献是最主要、最常用的基本信息源。

2.1.1 文献信息的主要形式

文献信息根据其载体的物质形态，基本上可分为手抄型、印刷型、缩微型、机读型和视听型。

（1）手抄型文献主要是指古旧文献和未经付印的手稿及技术档案之类的资料，其中可供开发利用者颇多。

（2）印刷型文献，是以纸质材料为载体、以印刷为手段的一种信息知识的记录形式。包括铅印、胶印、石印等多种印刷手段。印刷型的文献有悠久的历史，目前仍是主要的出版形式。它的优点是便于携带，可直接任意翻阅。但相对于其他载体来说，其收藏占用空间大，纸页难以长期保存。印刷型文献按其编辑出版特点划分有以下种类：图书、期刊论文、科技报告、专利文献、会议文献、政府出版物、学位论文、标准文献、产品样本、科技档案。

（3）缩微型文献是应用摄影技术，把印刷型文献的影像缩小记录在感光材料上，然后借助于专门的阅读设备进行阅读的一种文献形式。缩微型文献的优点是体积小，便于收藏和长期保存，不易变质，提取轻便。图书馆保存的大量期刊、专利说明书、孤本和珍本书均可复制成缩微品以作长期保存。缩微型文献的种类有缩微胶片、缩微胶卷和缩微卡片。

（4）机读型文献是通过电子计算机存储阅读的资料。它是以磁化材料为载体，通过编码和程序设计，把文献原来的语言变成数学语言和计算机语言，输入计算机，存储在磁带或磁盘上。阅读时由计算机输出还原为人工语言显示在终端屏幕上或打印在纸上。机读型文献的优点是信息存储量大，检索速度快，能远距离传输。但必须有计算机才能阅读，因而设备成本大。机读型文献主要以磁带、磁盘为主要载体。

（5）视听型文献资料，是以电磁波为信息符号，用摄影录音技术将声音和图像记录在电磁材料载体上的一种动态型文献资料。这种资料能见其形、闻其声，给人以直接的感觉。按人的感官接受方式，视听型文献资料可分为视觉资料、听觉资料和音像资料。视听型文献资料脱离了纸张文字的传统形式，它对认识罕见的自然现象提供感性认识，对学习各种语言、传播科技知识等具有"书面"文献无法起到的作用。

2.1.2　文献信息的结构层次

信息工作的主要任务是对信息进行深层次开发和综合利用，为了有效地发掘出文献的信息内容，必须对文献进行一定的加工，因此，根据文献的产生次序和加工整理的程度不同，可将文献划分为四个层次结构。

1. 零次文献

零次文献也称零次信息，指未经正式发表或不宜公开和大范围内交流的比较原始的素材、底稿、手稿、书信、工作文稿、工程图纸、考察记录、实验记录、调查稿、原始统计数字，以及各种口头交流的知识、经验或意见论点等。此类更为原始性的文献，多保留于科技人员之手。另外，科技部门、有关管理部门和计划部门也有收藏。这类文献在较小的范围内交流、使用、参考，其传播渠道少，或常保密，或限制使用以及因珍稀的原因，不为人们知晓而多被埋没。其形式多是抄件、打字件、油印件、内部铅件、复制印刷、描图以及内部录音、录像等。其特点是信息来源直接、真实，内容新颖。

2. 一次文献

习惯上称作为原始文献，也称原始信息源，它是作者依据本人的科研和工作成果而形成的文献。这类文献是脑力劳动的正式产品，是科研成果的一种主要表述方式，代表新知识，组成了可供交流的系统性信息。此类文献主要包括图书、期刊和报纸、科学考察报告、研究报告、会议论文、学位论文、专利说明书、政府出版物、产品样本等。一次文献具有创新性、原始性和多样性的特点。

3. 二次文献

二次文献指根据实际需要，按照一定的科学方法，将特定范围内的分散的一次文献进行加工整理使之有序化而形成的文献。它能较为全面地系统地反映某学科某专业文献的线索，是检索一次文献的工具。二次文献本身具有自己的系统结构，为了方便利用，一般提供多个检索途径。所以一种好的二次文献往往由几个部分组成，具有比较固定的体系结构。这类文献有期刊（仅限于揭示和评述一次文献的那些类型）、索引和文摘、图书馆目录等。二次文献具有集中性、工具性和系统性的特点。

4. 三次文献

三次文献指通过二次文献提供的线索，选用一次文献的内容，进行分析、综合、研究后而编成的文献。一般包括专题述评、动态综述、进展报告、学科年度总结以及参考书中的百科全书、专科全书、手册、大全、字典、词典、表格、图谱、数据等。三次文献具有综合性、针对性和科学性的特点。三次文献是在已有的知识成果的基础上，对特定专业课题的总结和综述。因此，其观点比较成熟，内容比较可靠，有材料、有事实、有数据、有建议、有结论，具有较高的科学性，一般可直接提供参考、借鉴和使用，因而普遍为科研人员和管理者所重视。

2.2 数据库的使用

数据库是指长期存储在计算机存储设备上的、可供计算机快速检索的、有组织的、可共享的数据集合。它是一个按数据结构来存储和管理数据的计算机软件系统。

2.2.1 数据库的类型

按所检信息类型可分为全文数据库、参考数据库与事实数据库。

1. 全文数据库

是指收录有原始文献全文的数据库。用户通过它可直接获得原始资料或数据，是目前利用率最高的数据库类型。根据全文文献的出版发行形式，有图书、期刊、报纸、会议文献、学位论文、专利文献、标准文献、产品资料等。重要的中文全文数据库有 CNKI、维普、超星、万方等。

2. 参考数据库

是指包含各种数据、信息或知识的原始来源和属性的数据库。包括书目数据库、文摘数据库、索引数据库。中文参考数据库有 OPAC、读秀知识库等。

3. 事实数据库

是指包含大量数据、事实的数据库。包括数值数据库、图像数据库、术语数据库、指南数据库等。重要的中文事实数据库有万方数据库（科技成果、新方志、政策法规、机构、科技专家）、CNKI 的知识搜索等。

2.2.2 基本检索技术

1. 布尔逻辑检索

当利用数据库进行检索时，需要熟悉"布尔逻辑检索"。通过布尔逻辑运算符，可以指定那些希望和不希望出现在结果中的关键词。例如，如果输入词"united"和"states"，查到的结果是同时包含"united"和"states"这两个词信息资源。这就是布尔逻辑检索中的逻辑与，大多数数据库都在同时键入多个词时自动在词间加入了运算符"and"。常用的逻辑运算符还有"or"和"not"，见表 2-1。

表 2-1
布 尔 逻 辑 运 算 一 览

名称	符号	表达式	功能
逻辑与	*或 and	A*B	同时含有提问词 A 和 B 的文献，为命中文献
逻辑或	+或 or	A+B	凡是含有提问词 A 或 B 的文献，为命中文献
逻辑非	−或 not	A−B	凡是含有提问词 A 但不含有 B 的文献，为命中文献

规定检索词之间的逻辑关系的算符，称为布尔逻辑算符。主要的布尔逻辑算符有逻辑与（and）、逻辑或（or）、逻辑非（not）。

逻辑与（*：and）。逻辑算符"and"也可以写作"*"。逻辑与用来组配不同的检索概念，其含义是检出的记录必须同时含有所有的检索词。组配方式："A*B"，表示数据库中必须同时含有 A、B 两词的文献为命中文献。其作用是增加限制条件，即增加检索的专指性，以缩小提问范围，减少文献输出量，可提高查准率。

逻辑或（+：or）。逻辑算符"or"也可以写作"+"。逻辑或用来组配具有同义或同族概念的词，如同义词、相关词等，其含义是检出的记录中至少含有两个检索词中的一个。组配方式："A+B"，表示数据库中凡含有 A 或 B 检索词或者同时含有检索词 A 和 B 的文献均为命中文献。使用逻辑或相当于增加检索主题的同义词、近义词和相关词，其作用是放宽提问范围，增加检索结果，起扩检作用，可提高查全率。

逻辑非（−：not）。逻辑算符"not"也可以写作"−"。逻辑非用来排除含有某些词的记录，即检出的记录中只能含有 not 算符前的检索词，但不能同时含有其后的词。逻辑组配方式："A-B"，表示数据库中含有 A 词而不含有 B 词的文献为命中文献。其作用是排除不希望出现的检索词，它和"*"的作用相似，能够缩小命中文献范围，增强检索的准确性。

利用布尔逻辑关系可以构造多层次的布尔逻辑检索式，以表达复杂的检索要求，大大提高检索的查全率和查准率。在执行检索过程中，逻辑运算有其特定顺序，运算符优先级从高到低为"not"—"and"—"or"，也可以利用优先运算符"（ ）"改变其执行顺序。

例如，"公路路基设计与施工"，用布尔逻辑关系来表示其检索式，可构造为：

公路 and（路基设计 or 路基施工）

2. 截词检索

截词检索也称为"模糊检索"，指在检索式中用专门符号（截词符号）来表示检索词的某一部分，允许有一定的词形变化，即加前缀和后缀，检索词的不变部分加上由截词符号所代表的任何变化式所构成的词汇都是合法检索词，结果中只要包含其中一个就满足检索要求。主要目的是提高文献检索的查全率，不同的数据库和搜索引擎有不同的截词符号，常用的有"?、$、*、+"等，常用中外数据库对应的截词符号见表 2-2。

表 2-2
常用中外数据库对应的截词符号一览

DIALOG	EBSCOHOST	ORBIT	万方数据资源
?	?、*	+	$

注：EBSCOHOST 中的"?"代表只替代一个字符，例如输入 ne? t，可检索出 neat，nest，next。"*"可以替代一个字符串，例如输入 comput *，可检出 computer，computing 等。

截词检索的方式有多种，可以分为有限截词、无限截词和中间截词。有限后截词主要用于词的单、复数，动词的词尾变化等。将"n"个截词符放在检索词（关键词、主题词）的词干或词尾可能变化的位置上。一般来说，中间截词仅允许有限截词，主要用于英、美拼写不同的词和单复数拼写不同的词，例如输入 wom? n，可检出 woman，women 等。截去某个词的尾部，是词的前方一致比较，也称前方一致检索。在检索词（关键词、主题词）干后加 1 个截词符"?"或"＊"。表示该词尾允许变化的字符数不受任何限制。例如：comput ＊可检索出 computer、computing、computers、computering、computeriation 等词的记录。任何一种截词检索，都隐含着布尔逻辑检索的"或"运算。采用截词检索时，既要灵活、又要谨慎，截词的部位要适当，如果截得太短（输入的字符不得少于 3 个），将影响查准率。另外，不同的检索系统使用的截词符不同、各数据库所支持的截断类型也不同。

截词检索就是用截断的词的一个局部进行的检索，并认为凡满足这个词局部中的所有字符（串）的文献，都为命中的文献。按截断的位置来分，截词可有后截断、前截断、中截断三种类型。

下面以无限截词举例说明：

（1）后截断，前方一致。如：comput? 表示 computer，computers，computing 等。

（2）前截断，后方一致。如:? computer 表示 minicomputer，microcomputers 等。

（3）中截断，中间一致。如:? comput? 表示 minicomputer，microcomputers 等。

截词检索也是一种常用的检索技术，是防止漏检的有效工具，尤其在西文检索中，更是广泛应用。截断技术可以作为扩大检索范围的手段，具有方便用户、增强检索效果的特点，但一定要合理使用，否则会造成误检。

除此之外，还有字段检索、位置算符检索等，面对复杂的检索工具，只要通过大量使用网络查找研究领域的信息，就会越来越熟悉专业检索工具，从而达到事半功倍的效果。

2.2.3　国内主要中文数据库

随着网络信息技术的逐步成熟与发展，传统印刷型信息资源在数字化和网络化发展方面得到了更好的技术支持，出现了许多不同种类的中文数据库，给人们的信息检索提供了方便。

1. 中国知网 CNKI 数据库

CNKI（China National Knowledge Infrastructure）工程，即国家知识基础设施工程，简称 CNKI 工程，于 1999 年 6 月创建，2004 年 10 月 1 日改名为中国知网。该工程是以实现全社会知识资源传播共享与增值利用为目标的信息化建设项目，由清华大学、清华同方发起，其成果通过中国知网进行实时网络出版传播。《中国知识资源总库》（简称《总库》），拥有国内 8200 多种期刊、700 多种报纸、600 多家博士培养单位优秀博硕士学位论文、几百家出版社已出版图书、重要会议论文、百科全书、专利、年鉴、标准、科技成果、政府文件、互联网信息汇总以及国内外上千个各类加盟数据库等知识资源。其首页如图 2-1 所示。

资源地址 URL：http://www.cnki.net

CNKI 包括许多数据库，如中国期刊全文数据库（CJFD）、中国重要报纸全文数据库（CCND）、中国博士硕士论文全文数据库（CDMD）、中国重要会议论文集数据库（CPCD）等。以学科分类为基础，兼顾用户对文献的使用习惯，将数据库中的文献分为十个专辑：基础科学、工程科技Ⅰ、工程科技Ⅱ、农业科技、医药卫生科技、信息科技、哲学与人文科学、社会科学Ⅰ、社会科学Ⅱ、经济与管理科学。十大专辑下又分为 168 个专题。

图 2-1　CNKI 数据库首页

　　进入 CNKI 数据库，可以选择"跨库检索"或"单库检索"，它们分别都提供快速检索、高级检索、专业检索、作者发文检索、句子检索、一框式检索等。

　　（1）快速检索。快速检索是一种简单检索，在 CNKI 数据库首页就可以进行检索。用户只需输入所要查找的关键词，选择查找的类型（主题、标题、作者、关键词、摘要、DOI、单位、出版社）后，点击"检索"键就能查到相关的文献，如在查到的文献结果中要进一步筛选文章，还可以选择在结果中检索。

　　（2）高级检索。高级检索是一种比快速检索要复杂一些的检索方式，它的特有功能是多项双词逻辑组合检索和双词频控制。其界面如图 2-2 所示。

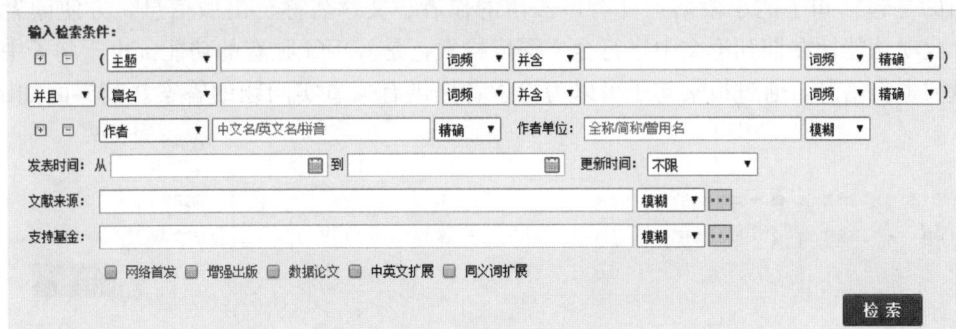

图 2-2　CNKI 高级检索界面

　　输入检索条件中，有 7 个选项：主题、篇名、关键词、摘要、全文、参考文献、中图分类号，可根据已知条件进行选择，同时还提供布尔逻辑检索式的或、与、非，扩大或缩小检索范围。多项双词逻辑组合检索中的多项是指可选择多个检索项；双词是指一个检索项中可输入两个检索词（在两个输入框中输入）。

　　（3）专业检索。专业检索比高级检索功能更强大，但需要检索人员根据系统的检索语法编制检索式进行检索，此方法用于图书情报专业人员查新与信息分析等工作。其界面如图 2-3

所示。

图 2-3　CNKI 专业检索界面

如检索作者×××在××大学以外的机构工作期间所发表的，题名中包含"柔性""基层"的文章，编制检索式：题名＝'柔性♯基层'and（作者＝××× not 机构＝××大学），在检索框中输入该检索式，进行检索即可。

（4）作者发文检索。作者发文检索是通过作者姓名、单位等信息，查找作者发表的全部文献及被引下载情况。通过作者发文检索，不仅能找到某一作者发表的文献，还可以通过对结果的分组筛选情况全方位地了解作者主要研究领域、研究成果等情况。其界面如图 2-4 所示。

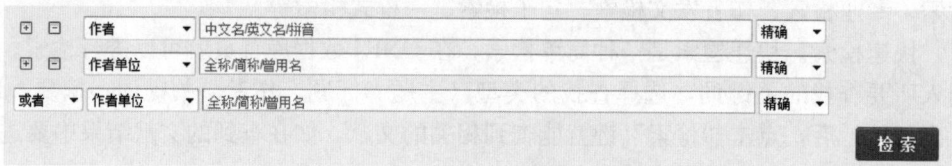

图 2-4　CNKI 作者发文检索界面

（5）句子检索。句子检索是通过输入的两个关键词，查找同时包含这两个词的句子，查找出的是包括句子的小段落，并有该段落的作者、文章名称、出版信息，方便读者追踪原文。此项功能旨在期刊论文中进行全文深度检索，是 CNKI 独有的功能。由于句子中包含了大量的事实信息，通过检索句子可以为检索者提供有关事实问题的答案。其界面如图 2-5 所示。

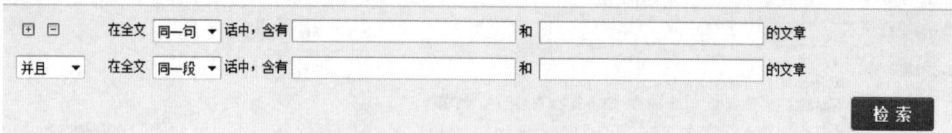

图 2-5　CNKI 句子检索界面

（6）一框式检索。一框式检索类似一般网络搜索工具的界面，其功能与快速检索相似。其界面如图 2-6 所示。其中的出版物检索选项可在来源名称、主办单位、出版者、ISSN、CN、ISBN 中选择（图 2-7），另一个高级检索选项功能与前述相同。

CNKI 还提供一系列软件产品服务，主要有学术不端文献检测系统、腾云数字出版系统、网络舆情监测系统、机构知识管理与服务平台、E-Study、TPI 专业信息资源建设管理系统等。其中的学术不端文献检测系统分为简体版与繁体版，目前在国内各高校与科研机构中得到大量使用，用户在注册登录后，上传文献至系统进行检测，如图 2-8 所示。

图 2-6　CNKI一框式检索界面

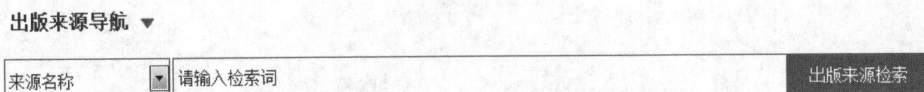

图 2-7　CNKI出版来源导航界面

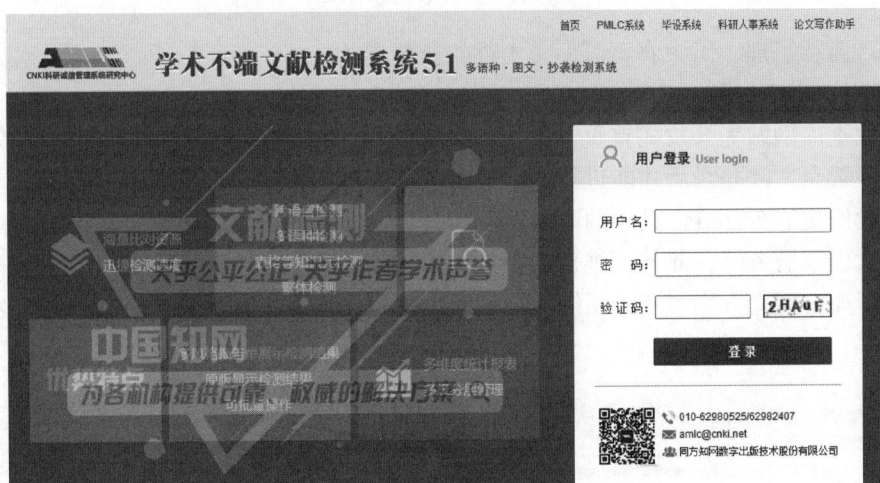

图 2-8　CNKI学术不端文献检测系统界面

2. 万方数据库

北京万方数据股份有限公司是国内较早以信息服务为核心的股份制高新技术企业,是在互联网领域,集信息资源产品、信息增值服务和信息处理方案为一体的综合信息服务商。该数据库是建立在因特网上的大型科技、商务信息平台,内容涉及自然科学和社会科学各个专业领域,汇集中外上百个知名的、使用频率较高的科技、经济、金融、文献、生活与法律法规等 110 多个数据库。其首页如图 2-9 所示。

资源地址 URL：http://www.wanfangdata.com.cn

万方数据库采用开放式首页,分成几个区域,即登录区、界面导航区、检索区、服务区、热点区、快看区等。检索区分为快速检索（在首页）、高级检索与专业检索三大板块,其高级检索内的检索信息选项较 CNKI 简单。其专业检索功能类似于 CNKI。

3. 维普数据库

维普数据库——《中文科技期刊数据库》（全文版）源于重庆维普资讯有限公司 1989 年创建的《中文科技期刊篇名数据库》,集数据采集、数据加工、光盘制作发行和网上信息服

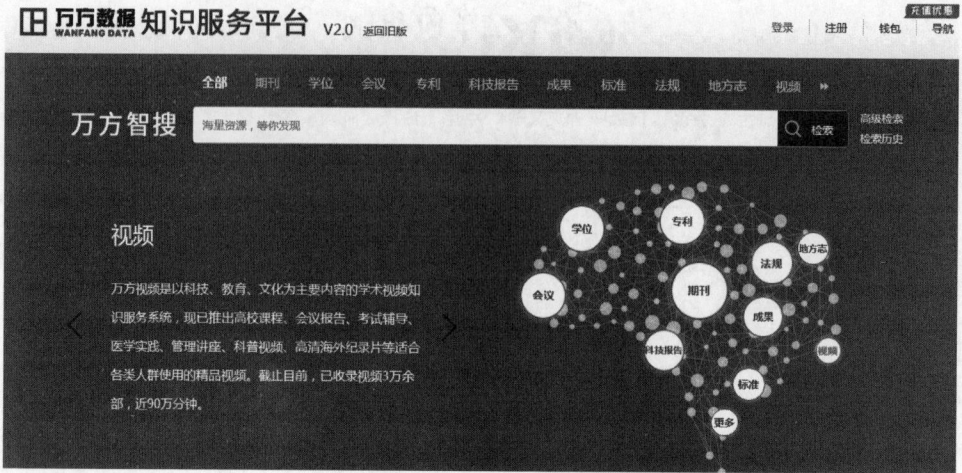

图 2-9　万方数据库首页

务于一体，囊括了理、工、农、医、文史哲的全部专业。

资源地址 URL：http://www.cqvip.com

维普数据库网站为开放式首页，如图 2-10 所示。检索浏览资源和文献基本概况不需要登录，但下载全文需登录后才能进行。其检索区分为基本检索、传统检索、高级检索、期刊导航与检索历史五个部分，其中的高级检索又分为期刊文献检索、文献引证追踪、科学指标分析、搜索引擎服务等。此外，维普的服务区块功能主要包括：论文检测系统、期刊服务平台、机构智库、智立方知识资源系统、期刊大全、优先出版平台、考试服务平台、公共文化服务平台等。

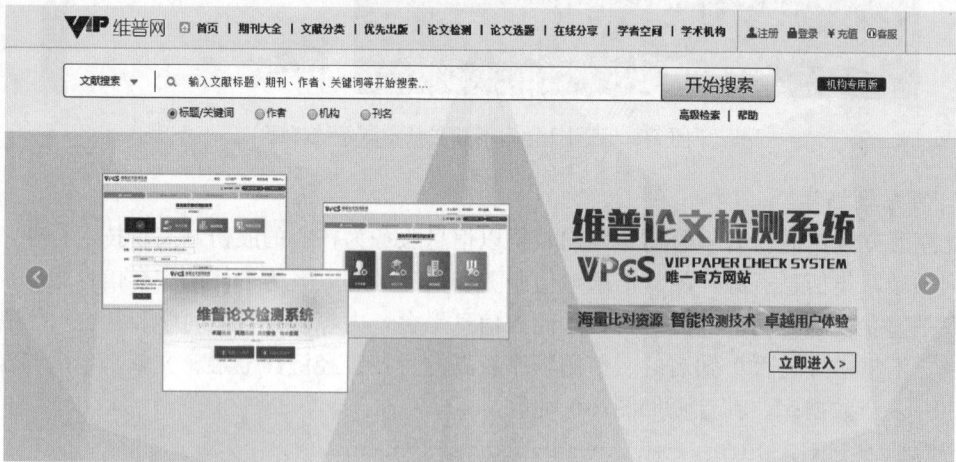

图 2-10　维普数据库首页

4. 国内专利文献数据库

我国已有多家网站建立了中国专利数据库，提供网上在线查询专利信息的服务。

（1）专利检索与分析系统。专利检索与分析系统是由国家知识产权局创建并维护，是集专利检索与专利分析于一身的综合性专利服务系统。本系统依托于丰富的数据资源，提供了简单、方便、快捷、丰富的专利检索与分析功能，丰富的接口服务和工具性功能也为检索和分析业务提供了强有力的支撑，用户注册并登录成功后就可使用各项检索功能。网站首页如图 2-11 所示。

资源地址 URL：http://www.pss-system.gov.cn/sipopublicsearch/portal/uiIndex.shtml

图 2-11　专利检索与分析网首页

（2）中国专利信息网。中国专利信息网由国家知识产权局专利检索咨询中心开发创建，该中心成立于 1993 年，前身是中国专利局专利检索咨询中心，2001 年 5 月更名为国家知识产权局专利检索咨询中心，是国家知识产权局直属事业单位，是目前国内科技及知识产权领域提供专利信息检索分析、专利事务咨询、专利及科技文献翻译、非专利文献数据加工等服务的权威机构。该数据库为全文检索数据库，用户注册并登录成功后就可使用各项检索功能。网站首页如图 2-12 所示。

资源地址 URL：http://www.patent.com.cn/

图 2-12　中国专利信息网首页

5. 超星数字图书馆与超星发现系统

超星公司长期从事图书、文献、教育资源数字化工作，是专业的数字图书资源提供商和学术视频资源制作商之一，为用户提供专业的数字教育解决方案。

超星数字图书馆为中文在线数字图书馆之一，提供大量的电子图书资源提供阅读。超星数字图书馆成立于 1993 年，是国内专业的数字图书馆解决方案提供商和数字图书资源供应商。其首页如图 2-13 所示。

资源地址 URL：http://www.sslibrary.com

图 2-13　超星数字图书馆首页

超星发现系统以近十亿海量元数据为基础，利用数据仓储、资源整合、知识挖掘、数据分析、文献计量学模型等相关技术，较好地解决了数据库的集成整合、完成高效、精准、统一的学术资源搜索，进而通过分面聚类、引文分析、知识关联分析等实现高价值学术文献发现，纵横结合的深度知识挖掘、可视化的全方位知识关联。其首页如图 2-14 所示。

资源地址 URL：http://www.chaoxing.com

图 2-14　超星发现系统首页

6. 其他部分中文数据库列举

▲中文社会科学引文索引　　　　▲书生之家

▲网上报告厅　　　　　　　　　▲中国资讯行数据库

▲方正 Apabi 电子资源　　　　　▲人大复印报刊资料库

……

2.2.4　国外主要英文数据库

1. Springer Link 全文数据库

德国的 Springer 是一个具有 150 多年悠久历史的知名出版社，而 Springer Link 是 Springer 出版社整合电子和印刷出版物的信息服务平台，始创于 1996 年，公司通过该系统为广大用户提供学术期刊和电子图书的在线服务。Springer Link 所提供的全文电子期刊按学科分为以下 11 个"在线图书馆"：生命科学、医学、数学、化学、计算机科学、经济、法律、工程学、环境科学、地球科学、物理学与天文学。Springer Link 是居全球领先地位的、高质量的科学技术和医学类全文数据库，该数据库包括了各类期刊、丛书、图书、参考工具书以及回溯文档。Springer Link 为科研人员及科学家提供强有力的信息中心资源平台，它们是科研人员的重要信息源。其首页如图 2-15 所示。

资源地址 URL：http：//www. Springer. com

图 2-15　Springer Link 全文数据库首页

2. EBSCOhost 全文数据库

EBSCOhost 是美国 EBSCO 公司的英文电子期刊全文数据库，有近 60 个数据库，其中全文数据库 10 余个，主要包括：ASP、BSP、ERIC、Professional Development Collection 等数据库。用户进入 EBSCOhost 系统平台后，先要选择检索平台，系统加强了对商业数据库检索功能，增加了商业检索平台（Business Searching Interface，BSI），通过这个平台，用户可检索和浏览国家经济报告、公司概况、工业信息和市场研究报告，以及杂志、图书等文献信息，这个平台只是适用于 BSP 数据库。而 EBSCOhost Web 检索平台下可以对所有数据库实施检索。EBSCOhost 数据库检索首页如图 2-16 所示。

资源地址 URL：https：//www. ebscohost. com

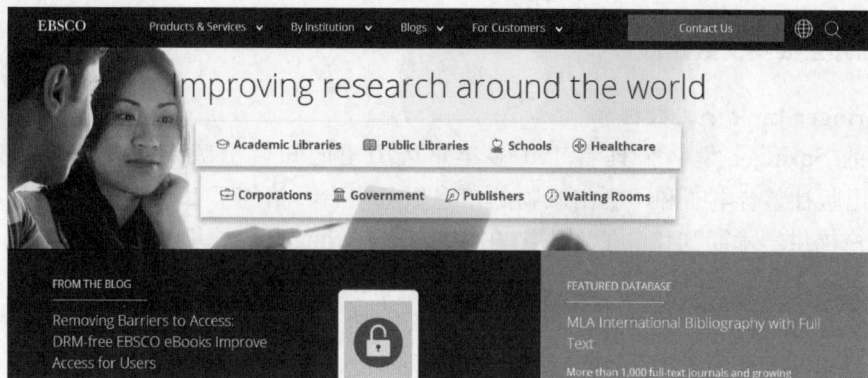

图 2-16　EBSCOhost 全文数据库一站式检索平台首页

3. 其他部分英文数据库列举

▲DIALOG　　　　　　　▲OCLC

▲SLCC　　　　　　　　▲IEEE

▲EI　　　　　　　　　▲SCI

......

2.3　网络信息资源检索

信息检索技术是指应用于信息检索过程的原理、方法、策略、设备条件和检索手段等因素的总称。基本的检索技术已在上文中进行了叙述，下面介绍互联网搜索引擎。

2.3.1　互联网搜索引擎概述

互联网搜索引擎是随着 Web 信息的迅速增加，从 1995 年开始逐渐发展起来的技术。所谓搜索引擎就是根据一定的策略，运用特定的计算机程序从互联网上搜集信息，在对信息进行组织和处理后，为用户提供检索服务，将用户检索的相关信息展示给用户的系统。从某种意义上说，它就是提供检索、导航服务的网点，搜索引擎为用户提供的导航服务，已成为互联网上最重要的网络服务之一，搜索引擎站点也被美誉为"网络门户"。

1. 互联网搜索引擎的工作原理

互联网搜索引擎的工作主要由两部分组成：信息的收集处理和信息的检索输出。

（1）信息的收集处理。搜索引擎的一个重要工作就是定期搜集信息，并对搜集来的信息进行整理加工，添加至该搜索引擎所指向的数据库。搜索引擎收集信息的主要对象是互联网上的各个网络站点，包括 FTP 和 Gopher 站点。如著名的 Google，就是以网络机器人不停地在网络上搜集信息。

（2）信息的检索输出。对收集的信息进行分析、标引、加工处理后，形成可供用户检索的数据库，并以 Web 形式提供用户检索。用户根据个人需求，结合检索系统条件，选择适当的检索方式、语言提出检索需求，检索软件在接受用户检索需求后，由系统对该需求进行分析，并在数据库中检索与之对应的结果，按相关程度排序后返回给用户。

2. 互联网搜索引擎的组成

搜索引擎一般由搜索器、索引器、检索器和用户接口四个部分组成。搜索器，其功能是在互联网中漫游，发现和搜集信息；索引器，其功能是理解搜索器所搜索到的信息，从中抽取出索引项，用于表示文档以及生成文档库的索引表；检索器，其功能是根据用户的查询在索引库中快速检索文档，进行相关度评价，对将要输出的结果排序，并能按用户的查询需求合理反馈信息。用户接口就是接收 HTTP 请求，然后返回 HTTP 响应。

3. 互联网搜索引擎的分类

搜索引擎按其索引方式的不同，可分为目录索引类搜索引擎、全文搜索引擎、元搜索引擎等。

（1）目录索引类搜索引擎。目录索引虽然有搜索功能，但在严格意义上算不上是真正的搜索引擎，仅仅是按目录分类的网站链接列表而已。用户完全可以不用进行关键词（key-words）查询，仅靠分类目录也可找到需要的信息。目录索引中最具代表性的莫过于大名鼎鼎的 Yahoo!，其他的还有 Open Directory Project（DMOZ）、LookSmart、About 等。国内的搜狐、新浪、网易搜索也都属于这一类。

目录索引与全文搜索引擎的区别在于它是由人工建立的，通过"人工方式"将站点进行了分类，不像全文搜索引擎那样，将网站上的所有文中信息都收录进去，而是首先将该网站划分到某个分类下，再记录一些摘要信息，对该网站进行概述性的简要介绍，用户提出搜索要求时，搜索引擎只在网站的简介中搜索。它的主要优点有：层次、结构清晰、易于查找；多级类目，便于查询到具体明确的主题；在内容提要、分类目录下有简明扼要的内容。

（2）全文搜索引擎。全文搜索引擎是名副其实的搜索引擎（google、AllTheWeb、Al-taVista、Inktomi、Teoma、WiseNut、百度、中文搜索、北大天网等），他们都是通过从互联网上提取的各个网站的信息（以网页文字为主）而建立的数据库中，检索与用户查询条件匹配的相关记录，然后按一定的排列顺序将结果返回给用户，因此它们是真正的搜索引擎。从搜索结果来源的角度，全文搜索引擎又可以细分为两种：一种是拥有自己的检索程序，俗称机器人程序或蜘蛛程序，并自建网页数据库，搜索结果直接从自身的数据库中调用，如上面提到的搜索引擎；另一种则是租用其他引擎的数据库，并按自定的格式排列搜索结果，如 Lycos 引擎。

全文搜索引擎有全文搜索、检索功能强、信息更新速度快、方便用户一目了然等优点。其缺点是搜索范围较小、更新速度慢、查询交叉类目时容易遗漏，提供的信息虽然多而全，但可供选择的信息太多反而降低相应的命中率，并且提供的查询结果重复链接较多，层次结构不清晰，给人一种繁多杂乱的感觉。

（3）元搜索引擎。元搜索引擎在接受用户查询请求时，同时在其他多个搜索引擎上进行搜索，并将结果返回给用户。著名的元搜索引擎有 InfoSpace、Dogpile、Vivisimo 等，中文元搜索引擎中具代表性的有北斗搜索。在搜索结果排列方面，有的直接按来源搜索引擎排列搜索结果，如 Dogpile，有的则按自定的规则将结果重新排列组合，如 Vivisimo。

除上述三大类搜索引擎外，还有以下集中非主流形式。

1）集合式搜索引擎：如 HotBot 在 2002 年底推出的引擎。该搜索引擎类似于元搜索引擎，但区别在于不是同时调用多个搜索引擎，而是由用户从提供的 4 个引擎之中选择，因此将其称为集合式搜索引擎更确切些。

2）门户搜索引擎：如 Aol Search、Msn Search 等虽然提供搜索服务，但自身既没有分类目录也没有网页数据库，其搜索结果完全来自于其他引擎。

3）免费链接目录：这类网站一般只简单地的滚动排列链接条目，少部分有简单的分类目录，不过规模比起 Yahoo! 等目录索引要小得多。

除了上面的分类，搜索引擎还应具有以下功能：网页搜索功能、网站搜索功能、图片搜索功能、新闻搜索功能、字典搜索功能等。

2.3.2 常用的互联网搜索引擎

1. 百度搜索引擎

百度搜索是全球最大的中文搜索引擎，2000 年 1 月创立于北京中关村，致力于向人们提供"简单，可依赖"的信息获取方式。"百度"二字源于中国宋朝词人辛弃疾的《青玉案》诗句："众里寻他千百度"，象征着百度对中文信息检索技术的执着追求。

百度搜索引擎由 4 个部分组成：蜘蛛程序、监控程序、索引数据库、检索程序。门户网站只需将用户查询内容和一些相关参数传递到百度搜索引擎服务器上，后台程序就会自动工作，并将最终结果返回给网站。

百度搜索引擎使用了高性能的"网络蜘蛛"程序自动在互联网中搜集信息，可定制、高扩展性的调度算法使得搜索器能在极短时间内收集到最大数量的互联网信息。百度在中国各地和美国均设有服务器，搜索范围涵盖了中国及北美、欧洲的部分站点。百度搜索引擎拥有目前世界上最大的中文信息库，以每天数十万页的速度快速增长。百度不断地扩大其产品和服务功能，并拥有了自己的信息资源，如文库、百度知识、百度学术等。百度搜索引擎首页如图 2-17 所示。

资源地址 URL：http://www.baidu.com

图 2-17　百度搜索引擎首页

使用百度搜索引擎，最常用的是关键词检索途径。百度的首页很简洁，在检索输入框上方排列了十几项功能模块，如新闻、地图、视频、贴吧、学术、音乐、图片、文库等。默认是网页搜索，用户在利用百度进行检索时，只需在搜索框内输入所要检索内容的关键词，单击"百度一下"按钮即可得到检索结果。同时，除默认的网页搜索外，百度的关键词检索还可选择其他功能模块内容。如点击"文库",则检索页面显示如图 2-25 所示,在该检索页中,提供教育频道、专业资料、实用文档、资格考试、生活休闲等选项,用户可以根据所需资料的分类进行选择浏览。

2. 搜狗搜索引擎

搜狗搜索引擎是搜狐公司强力打造的第三代互动式搜索引擎,凭借搜狐公司强大的技术实力,"搜狗"搜索引擎将使网站用户不离开网站就可以体验到一流的全球互联网搜索结果,借助智能的"搜狗"搜索找到他们真正需要的信息。搜狗搜索以人工智能新算法,分析和理解用户可能的查询意图,对不同的搜索结果进行分类,对相同的搜索结果进行聚类,引导用户更快速准确定位目标内容。该技术全面应用到了搜狗网页搜索、音乐搜索、图片搜索、新闻搜索等服务中。搜狗搜索引擎首页如图 2-18 所示。

资源地址 URL:http://www.sogou.com

图 2-18　搜狗搜索引擎首页

2.4　公路工程资料检索

公路工程资料检索可通过数据库与互联网搜索引擎来完成,以检索词为"沥青路面"为例,分别开展检索。

1. 通过数据库检索

中文检索以 CNKI 数据库为例,在检索框内输入"沥青路面"进行检索,共找到 37 841 条结果,通过选择列表或摘要模式可得到不同显示方式,分别如图 2-19 与图 2-20 所示,根据需要筛选论文下载。

英文检索以 EBSCOhost 为例,在检索框内输入沥青路面的英文"asphalt pavement"进行检索,检索结果如图 2-21 所示,根据检索需求下载论文。

2. 通过互联网搜索引擎检索

以百度搜索引擎为例,在检索框内输入"沥青路面"进行检索,找到相关结果约 19 300 000 个,包括与沥青路面相关的新闻、网页、图片、百科、文库等,如图 2-22 所示。大部分的搜索结果可以直接免费下载,而下载百度文库资料则需要进行账号注册,登录后进行相关资料的免费或付费下载。

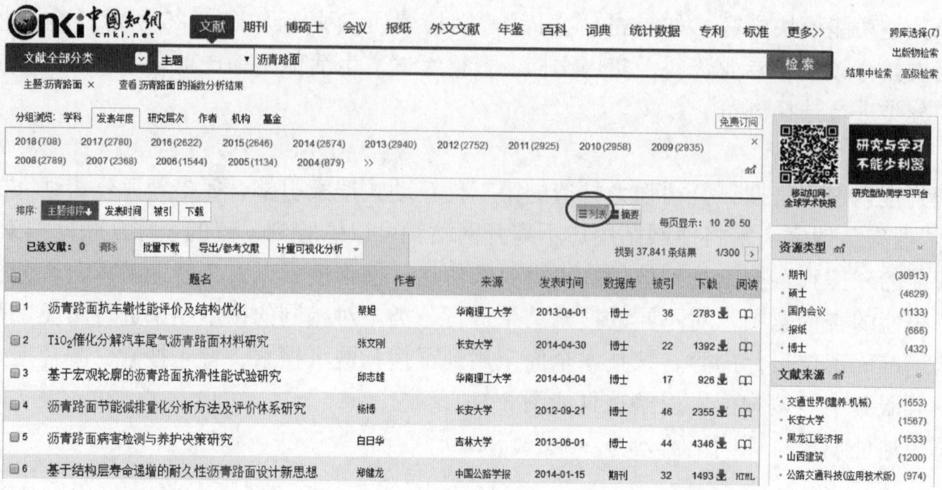

图 2-19　CNKI 列表式检索结果

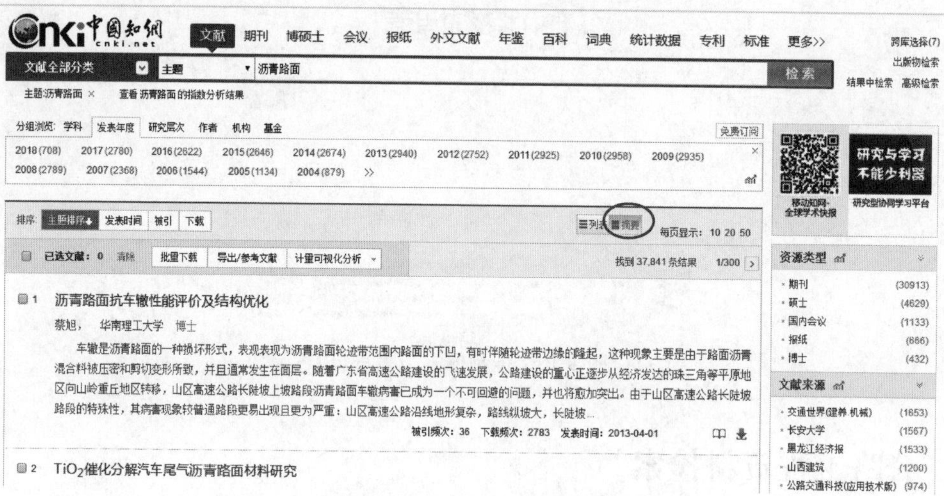

图 2-20　CNKI 摘要式检索结果

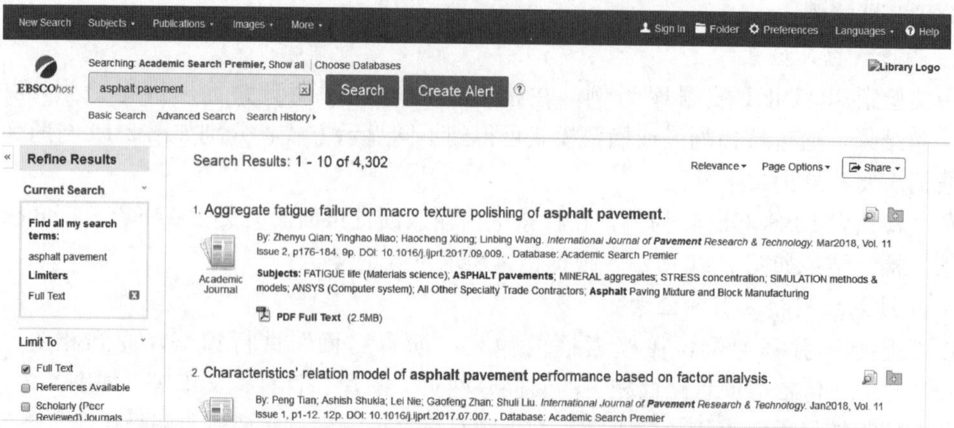

图 2-21　EBSCOhost 检索结果

图 2-22　百度搜索引擎检索结果

本 章 小 结

本章主要介绍公路工程资料编制应用基础，对文献资料的信息来源进行叙述，分析数据库的类型与基本检索技术，并通过示例来介绍常用的中英文检索数据库的使用，同时掌握互联网信息检索技术，并能使用数据库与互联网搜索引擎开展公路工程资料检索。

复 习 思 考 题

1. 列举文献信息的主要形式与结构层次。
2. 说明数据库的类型与基本检索技术。
3. 叙述互联网搜索引擎的工作原理。
4. 叙述互联网搜索引擎的组成与分类。

第3章

综 合 文 件 资 料

知识目标

1. 能够叙述综合文件归档文件主要内容；
2. 掌握交工验收证书、交工验收报告和竣工文件的内容；
3. 了解建设依据及上级有关指示的主要文件内容；
4. 能够叙述工程技术管理文件。

综合文件由施工竣（交）工验收文件、工程总结、征地拆迁资料、上级单位批准文件及有关指示、项目建设承发包合同及其协议书、工程交接表等组成，包含了项目管理、实施及工程竣（交）工验收各个阶段所形成的工程管理资料。综合文件主要由建设管理单位编写，部分资料由参与建设的单位编写。

公路工程在按照批准的设计文件和技术要求完成后进行验收，验收的依据是：①批准的工程可行性研究报告；②批准的工程设计，概、预算文件；③批准的变更设计文件及图纸；④批准或确认的招标文件及合同文本；⑤上级机关对工程的批示文件；⑥交通运输部颁布的公路工程标准、规范及国家有关规定等。竣工验收文件包括交工验收报告、竣工验收鉴定书。综合文件归档文件的主要内容见表3-1。

表 3-1   综合文件归档文件主要内容

序号	归档文件名称	备注
第一册	竣（交）工验收文件	
1	竣工验收文件	
(1)	竣工验收申请、批准文件	
(2)	《公路工程建设管理综合评价表》	
(3)	《设计工作综合评价表》	
(4)	《公路工程监理工作综合评价表》	
(5)	《公路工程施工管理综合评价表》	
(6)	《公路工程竣工验收鉴定书》	
(7)	《竣工验收委员会名单》	
(8)	《竣工验收代表名单》	
(9)	《工程交接单位代表签名表》	
(10)	《竣工验收工程质量评分表》	
(11)	《竣工验收委员会工程质量评分表》	
(12)	《竣工验收建设项目综合评定表》	
(13)	《项目参建单位工作综合评价等级证书》	

续表

序号	归档文件名称	备注
(14)	《建设项目质量检验评定表》	
(15)	《合同段工程质量检验评定表》	
(16)	《单位工程质量检验评定表》	
(17)	《分部工程质量检验评定表》	
2	交工验收文件	
(1)	项目开工报告及批准文件	
(2)	合同段开工报告及批准文件	
(3)	交工验收申请、批准文件	
(4)	《公路工程交工验收报告》	
(5)	《交工验收各合同段工程质量评分一览表》	
(6)	各合同段《公路工程（合同段）交工验收证书》	
(7)	《建设项目质量检验评定表》	
(8)	《合同段工程质量检验评定表》	
(9)	《单位工程质量检验评定表》	
(10)	《分部工程质量检验评定表》	
3	各参建单位总结报告	
(1)	公路工程项目执行报告	
(2)	公路工程设计工作报告	
(3)	公路工程质量监督报告	
(4)	公路工程监理工作总结报告	
第二册	配套工程验收文件	
1	机电工程验收文件	
2	房建工程验收文件	
3	环保工程验收文件	
4	档案验收文件	
第三册	建设依据及上级有关指示	
1	项目建议书及批准文件	
2	工程可行性研究报告及批准文件	
3	工程申请报告及批准文件	
4	水土保持批准文件	
5	环境影响评价及批准文件	
6	文物调查、保护等文件	
7	初步设计文件及审批文件	
8	施工图设计文件及审批文件	
9	设计变更文件及批准文件	
10	设计中重大技术问题来往文件、会议纪要	
11	上级单位有关指示	
第四册	征地拆迁资料	
1	征地拆迁合同协议	
2	征地批文及会议纪要	
3	征用土地数量一览表	

序号	归档文件名称	备注
4	占地图及土地使用证	
5	拆迁数量一览表	
6	其他资料	
第五册	工程管理文件	
1	招标文件	
2	投标文件、评标报告	
3	合同书、协议书、公证书	
4	技术文件及补充文件	
5	建设单位往来文件	
6	其他文件及资料	
第六册	工程交接表及路线缩图	
1	工程交接表	
2	路线缩图	
(1)	路线平面缩图（比例同设计）	
(2)	路线纵面缩图（比例同设计）	

交工验收由建设单位主持，设计、监理、接管养护、质量监督、造价管理等有关部门参加，组成交工验收小组，按附录 A《公路工程竣（交）工验收办法》，对施工合同的执行情况和监理工作情况进行检查，提出工程质量等级建议。竣工验收由交通运输部或批准工程初步设计文件的地方交通主管部门主持。由验收主持单位、建设单位、交工验收代表、接管养护、质量监督、造价管理、有关银行、土地管理、环境保护等单位代表组成竣工验收委员会，对建设成果进行全面考核和评价，确定工程质量等级，总结经验教训。

3.1 公路工程验收文件

3.1.1 交工验收证书及交工验收报告

1. 交工验收证书

交工验收由项目法人组织，交工验收证书可由项目法人负责起草。起草的内容包括工程建设的基本情况、工程质量情况、合同执行情况的评价、遗留问题以及有关问题的处理意见，其他参建单位的意见不能代拟。对通过交工验收的合同段，交工验收后由项目法人签发合同段交工验收证书，生效后进入缺陷责任期。

交工验收时的参加人员以工地现场管理人员为主，参建各单位应严肃认真，充分发表意见，客观地评价工程质量和合同执行情况。对于存在的问题，特别是影响工程正常使用的质量缺陷要明确提出，并提出处理方案和负责单位及完成时间。

项目法人、设计、施工、监理等单位的意见填写时应依据各自的主要职责，认真填写。按照工程质量终身负责制的原则，各参建单位对于出现的质量问题、存在的质量隐患应慎重讨论，明确负责单位和处理期限。

交工验收证书由项目法人签发，一式四份。参与该合同段任务的项目法人、设计、施工、监理各持一份。

2. 交工验收报告

交工验收报告是对建设项目相关内容的全面反映。报告中的主要内容包括工程项目的地点、建设依据、工程造价、建设性质、主要建设内容、交工验收结论以及存在的问题和处理措施。其核心是工程质量情况和存的问题。在报告中要体现项目法人对工程质量情况的确认，也要表述清楚所建成的公路工程项目是否达到了合格标准，是否按照批准的建设规模进行了建设。

工程项目所有合同段交工验收结束后，项目法人应负责及时编写整个项目的交工验收报告。表格中对填写的内容规定得较为具体，由项目法人按要求的内容逐项填写。

（1）工程名称：为工程项目的全名，并与工程可行性研究报告批复的工程项目名称一致。

（2）工程地点及主要控制点：说明路线的起讫位置，项目所在区域、路线的主要控制点等与工程可行性研究报告的批复意见或初步设计批复意见相一致。

（3）建设依据：工程可行性研究报告、初步设计、施工图设计、开工报告批准的时间、部门和文号。分段或分期批复的设计文件应逐段说明，需将与整个工程建设项目有关的建设依据全部提供。

（4）技术标准与主要指标：指设计时采用的技术标准、主要技术指标的运用情况。一般可按照初步设计文件中主要经济技术指标表的内容填写。

（5）建设规模及性质：建设规模主要指公路等级、长度，属独立的桥梁工程、隧道工程应写明桥梁、隧道的长度。性质按新建、改建等选择填写。

（6）开工日期：指项目最早的合同段开工的日期。若项目开工典礼召开后因全面开工的条件并不具备，可填写为具体开工的日期。

（7）交工日期：指最后一个合同段交工验收的时间，或所有合同段交工验收完成后，项目法人在进入试运营阶段前组织进行的全面交工验收日期。

（8）批准概算：指上级主管部门批复的初步设计概算（或上级主管部门批准的修正概算）。

（9）工程建设主要内容：整个建设项目所完成的主要工程数量，包括路基土石方、排水工程、小桥、通道、涵洞工程、路面工程、桥梁工程、隧道工程、交叉工程、沿线设施、房建工程等内容。

（10）实际征用土地数：土地面积应与征地合同、土地使用证数量一致。

（11）建设项目工程质量交工验收结论：是对整个项目的工程质量进行综合评定，对路线、路基、路面、桥梁、隧道、交叉工程、沿线设施、绿化工程等全面进行评价，明确是否满足设计要求，是否通过交工验收，整个建设项目交工验收工程质量情况。由项目法人负责对所有合同段交工验收证书中关于工程质量的内容进行总结和归纳，提炼出能够说明工程质量总体情况的内容。

（12）存在问题处理措施：将各合同段在交工验收阶段提出的存在问题、质量缺陷，以及质量监督机构交工验收前的检测意见的处理情况进行归纳汇总，在报告中必须详细说明存在的主要问题和处理措施、处理结果。

（13）附件：将各合同段工程质量评分一览表、交工验收证书、对参建单位的初步评价表进行整理，按合同段次序编排，作为交工验收报告的附件。

3.1.2 竣工文件

竣工文件是指公路工程在"预可"、立项、"工可"、勘察设计、招投标、施工、交竣工验收评价等全过程中所形成的反映项目真实面貌、具有保存、查考、利用价值的各种形式和载体的历史记录。竣工文件是竣工验收的基础资料，必须要重视资料的积累与管理，要与工程建设同步进行，以保证资料的真实、准确。竣工文件必须按统一标准和要求进行编制，坚持高标准、高质量。

1. 竣工文件的特点

公路工程建设项目，特别是高速公路建设项目是一项技术复杂、综合性、系统性很强的工程，具有跨越地区多、工程量大、投资高、建设周期长、参建单位多、涉及学科专业广等特点，这决定了公路工程竣工文件具有以下特点：

(1) 竣工文件编制工作跨越时间长。公路工程建设周期长，一个工程从立项到竣工验收一般需 4~6 年，仅工程实体建设一般都需 3~4 年，有的时间还会更长，而竣工文件的收集、整理是伴随着工程建设的全过程，因而，公路工程建设项目的竣工档案文件与其他工程相比较，具有跨越时间较长的特点。

(2) 竣工文件涉及的范围广。公路工程建设项目的竣工文件资料，不但包括路基工程、路面工程、桥梁工程、隧道工程、交叉工程、房建工程、机电工程、环保工程等诸多工程资料，另外还包含与林业、水利、土地、文物等有关的文件资料。公路工程项目竣工文件涉及的范围非常广。

(3) 竣工文件编制工作量大。按照公路工程建设程序的要求和施工、监理规范的规定，竣工文件应包括公路工程建设过程中每道工序、每个工艺、每个环节所形成的文字记录性资料。公路工程实施过程中涉及面广，工序较多，特别是高速公路建设项目，包含的工程内容较多，竣工验收前将所有参建单位收集的资料、文件进行整理、编排，其工作量是相当大的。

2. 竣工文件编制的基本要求

公路工程的竣工文件中包含着大量有用的信息，对日后的运营管理、科研、类似项目的建设等具有重要的参考和利用价值，做好公路工程竣工档案文件的编制工作，也是工程建设项目的一项重要任务。

(1) 真实性。真实性是竣工文件最基本的要求。公路工程竣工文件中相当多的内容均为工程质量方面的控制性文件，它是工程建设质量的重要凭证和依据，作为今后工程养护、运营管理、改建工程等的重要参考资料，或者作为研究工程质量问题的重要依据，均要求文件资料应做到真实、可信。

(2) 完整性。公路工程竣工档案文件的完整性是指竣工资料的全面性、完善性、可查阅性，包括两个方面，一是竣工文件按照类别、项目在宏观上的完整性，另一方面是单个按照一定次序、类别装订好的文件中资料、信息的完整性。竣工文件宏观上的完整性应符合《公路工程竣（交）工验收办法》附件 2 规定应收集的文件目录（注：全国各省、直辖市、自治区各编有结合本地区实际情况的竣工文件编制办法，具体的档案目录略有差异）；单个材料的完整性是指每一个分项、分部、单位工程等的质量控制文件应符合《公路工程质量检验评定标准》中关于质量保证资料的有关要求。管理性的文件应齐全、完整，文件的附件作为文件的一部分也要与文件相互对应，按照文件的来源、文号编排收集全面。

（3）系统性。竣工文件是对公路工程建设过程中项目管理、施工过程、工程质量控制过程的反映。在工程建设过程中，形成的文字文件、音像图片、工程设计和竣工图表等较多，涉及范围广泛。要整理好所有这些文件、图表，除了熟悉工程建设程序、技术规范外，还应具有一定的档案管理知识，熟悉档案管理的规定。为便于以后的查阅，竣工档案的整理、编排应具有一定的系统性、规范性和科学性。

3. 竣工文件的整理

为保证竣工文件的真实性，满足基本要求的规定，可采取多种方式对工程资料进行整理。

（1）按参建单位。根据附录 A《公路工程竣（交）工验收办法》竣工文件目录中要求的相关内容，根据"谁形成，谁编制"的原则，将竣工文件按性质、类别、工程内容分成不同的部分和章节，分别由建设单位、设计单位、监理单位、施工单位等整理编制，最后汇总成册。项目法人负责提交项目执行报告及验收所需资料，协助竣工验收委员会开展工作；设计单位负责提交设计工作报告，配合竣工验收检查工作；监理单位负责提交监理工作报告，提供工程监理资料，配合竣工验收检查工作；施工单位负责提交施工总结报告，提供各种资料，配合竣工验收检查工作。

（2）按内容分类。按照附录 A《公路工程竣（交）工验收办法》将竣工档案文件可分成下列五大部分：综合文件，决算和审计文件，监理文件，施工文件，科研、新技术文件。在此分类为基础的情况下，各省、直辖市、自治区编制出台了结合地区特点的详细编制办法。如有的省份将竣工档案文件分成九个部分，具体为项目申报文件，设计文件，工程管理文件，施工文件，监理文件，科研文件材料，竣工图表，竣（交）工验收文件，特种载体（声像、实物等）档案。

（3）按质量评定体系。按《公路工程质量检验评定标准》提出的工程质量评定体系对工程竣工资料进行分类、整理，按工程质量检查、验收、评定的总体思路对每一分项工程的资料文件进行整理，从资料的原始性、完整性等能够很好地反映分项、分部、单位工程以及合同段的工程质量。

3.2 配套工程验收文件

建设项目配套的机电、绿化、房建等由项目法人负责交工验收，如对运营安全、服务水平和使用功能无实质影响时，原则上可安排在试运营阶段进行。环保、档案等单项验收按国家有关部门规定执行。

这些项目可安排在试运营阶段验收的主要原因是：一是功能没有发挥出来时，不会影响车辆通行和降低服务水平造成实质性影响；二是对于像绿化工程，要判定植物是否成活，必须经过一定的生长周期才能予以确认。因此，可放在试运营期间进行验收。对于机电工程中实质上影响了项目试运营后的安全和服务水平的项目，应在投入试运营前验收；需要实际通车检验的项目，可在试运营期间验收。公路沿线的房建工程一般可在试运营期间验收。但影响服务水平的服务设施要在项目试运行前完成并通过验收。档案整理在交工验收阶段不可能按验收办法规定完成。而环保验收按照相关部门规定应在试运营阶段验收。虽然部分对运营没有实质性影响的机电、绿化、房建等验收可在试运营期间进行，但提倡附属工程与主体工程同步建设。

1. 机电、绿化工程验收

（1）机电工程验收工作必须通过机电系统的试运行才可以进行。如果机电系统试运行结果证明系统稳定，功能符合设计和实际使用要求，并完成了各项培训工作，专用工具、备品备件、使用说明书已配齐，施工单位可提出交工验收申请。

（2）绿化工程验收应在一个年生长周期期满后进行。

2. 房建工程验收

单位工程完成后，施工单位应自行组织有关人员进行检查评定，并向项目法人提交工程验收报告。

单位工程验收合格后，项目法人应在 15 日内将以下文件报建设行政管理部门备案。

（1）工程竣工验收备案表；

（2）工程竣工验收报告；

（3）法律、行政法规规定应当由规划、公安消防、环保等部门出具的认可文件或者准许使用文件；

（4）施工单位签署的工程质量保修书；

（5）法规、规章规定必须提供的其他文件。

3. 环保工程验收

环境保护行政主管部门应根据《建设项目竣工环境保护验收管理办法》规定，依据环境保护验收监测结果和生态调查报告，并通过现场检查等手段，考核该建设项目是否达到环境保护要求。

（1）建设项目试运营前，项目法人应向有审批权的环境保护行政主管部门提出试运营申请。

（2）对环境保护设施已建成及其他环境保护措施已按规定要求落实的，同意试生产申请；对环境保护设施或其他环境保护措施未按规定建成或落实的，不予同意，并说明理由；逾期未做出决定的，视为同意。

（3）进行试运营的公路建设项目，项目法人应当自试运营之日起 3 个月内，向有审批权的环境保护行政主管部门申请该建设项目竣工环境保护验收。

（4）项目法人申请建设项目竣工环境保护验收，应当向有审批权的环境保护行政主管部门提交以下验收材料：

1）对编制环境影响报告书的建设项目，提交建设项目竣工环境保护验收申请报告，并附环境保护验收监测报告或调查报告。

2）对编制环境影响报告表的建设项目，提交建设项目竣工环境保护验收申请表，并附环境保护验收监测表或调查表。

3）对填报环境影响登记表的建设项目，提交建设项目竣工环境保护验收登记卡。

（5）环境保护验收监测报告（表），由项目法人委托经环境保护行政主管部门批准有相应资质的环境监测或环境放射性监测站编制。

（6）环境保护行政主管部门应自收到建设项目竣工环境保护验收申请之日起 30 日内，完成验收。

（7）分期建设、分期投入生产或者使用的建设项目，按照规定的程序分期进行环境保护验收。

4．档案验收

（1）档案验收依据

1）《中华人民共和国档案法》。

2）"关于印发《建设项目（工程）档案验收办法》的通知"（国档发〔1992〕8 号）。

（2）需进行档案验收的工程项目。凡按批准的设计文件所规定的内容新建、扩建、改建的基本建设项目（工程）和技术改造项目均应进行档案验收。

（3）档案验收负责单位。国家、部重点公路工程建设项目档案，由国家档案局验收；省级重点建设项目由省档案局验收；地市重点建设项目由地市档案局验收；未列入重点建设项目的公路工程档案由主管机关档案部门负责验收。

（4）档案验收的程序。档案验收一般分为初步验收和竣工验收两个阶段，重点在初步验收阶段。对于通过档案验收的工程建设项目，应由档案验收单位出具书面的验收意见。

3.3　建设依据及上级有关指示

1．公路工程基本建设程序

公路工程基本建设程序是指基本建设项目从规划立项到竣工验收的整个建设过程中，各阶段建设活动的先后顺序和相互关系的法则。从事公路工程建设活动，必须要严格地执行基本建设程序。

《公路建设监督管理办法》规定，除国家另有规定外，公路建设应当按照下列程序进行：

（1）根据规划进行初步可行性研究，编制项目建议书；

（2）根据批准的项目建议书，进行工程可行性研究，编制可行性研究报告；

（3）根据批准的可行性研究报告，编制初步设计文件；

（4）根据批准的初步设计文件，编制施工图设计文件；

（5）根据批准的施工图设计文件，编制项目招标文件；

（6）根据批准的项目招标文件、资格预审结果和公路建设计划，组织项目招标投标；

（7）根据国家有关规定进行征地拆迁等施工前准备工作，编制项目开工报告。

（8）根据批准的项目开工报告，组织项目实施；

（9）项目完工后，编制竣工图表和工程决算，办理项目验收；

（10）竣工验收合格后，组织项目后评价。

2．项目建议书

发展国民经济的长远规划和公路网建设规划是项目建议书的依据。它是由主管部门按经济发展对公路交通的要求，并在广泛收集和综合各方面意见的基础上提出的。

项目建议书是建设某一项目的建设性文件，是对拟建项目的轮廓设想。项目建议书的主要作用是为推荐拟建项目提出说明，论述建设的必要性，以便供有关部门选择确定是否有必要进行下一步的工程可行性研究工作。项目建议书是进行各项前期准备工作和进行工程可行性研究的依据。

项目建议书的主要内容：

（1）建设项目提出的必要性和依据；

（2）拟建规模、技术标准、建设地点的初步设想；

（3）建设内容、主要工程量；

（4）资源情况、建设条件及建设方案；

（5）建设投资估算及资金筹措设想；

（6）建设安排及实施方案；

（7）经济评价指标；

（8）利用外资项目要说明利用外资的可能性以及偿还贷款能力的大体测算。

3. 工程可行性研究报告

工程可行性研究是在建设前期对工程项目按规定要求和内容进行的一种考察和鉴定，是基本建设前期工作的一项重要内容，是建设程序的组成部分，是建设项目决策立项和编制设计任务书的依据。一般情况下，工程建设项目均应进行可行性研究。

公路建设项目可行性研究报告的主要内容包括：

（1）建设项目依据、历史背景；

（2）建设地区综合运输网的交通现状和建设项目在交通运输网中的地位及作用；

（3）原有公路的技术状况及适应程度；

（4）论述建设项目所在地区的经济特征，研究建设项目与经济发展的内在联系，交通量、运输量的发展水平；

（5）建设项目的地理位置、地形、地质、地震、气候、水文等自然特征；

（6）筑路材料来源及运输条件；

（7）对不同建设方案的路线起讫点和主要控制点、建设规模、标准提出推荐意见；

（8）建设项目对环境影响的预测；

（9）测算主要工程数量、征地拆迁数量、估算投资，提出资金筹措方式；

（10）提出勘测、设计、施工计划安排；

（11）确定运输成本及有关经济参数，进行经济评价、敏感性分析；

（12）收费公路、桥梁、隧道尚需财务分析，评价推荐方案、提出存在问题和有关建议。

4. 工程地质勘察报告

工程地质勘察报告主要包括：

（1）工程概况；

（2）勘察依据；

（3）区域自然气候、地形、地貌及水文条件；

（4）地质概况；

（5）工程沿线地质条件和地质综合评价；

（6）各结构物工程地质勘察资料等。

5. 初步设计文件

初步设计的目的是确定合理的技术经济设计方案。初步设计必须根据批准的可行性研究报告、测设合同要求，在进行充分的技术和经济比较的基础上选定设计方案，计算工程数量及主要材料数量，提出施工方案建议，编制设计概算，提供包括文字说明和图表资料在内的初步设计文件。初步设计文件经审查批准后，安排重大研究试验项目，联系征用土地、拆迁，编制施工图设计文件和控制建设项目投资等的依据。采用三阶段设计时，经审查批复的初步设计文件亦为编制技术设计文件的依据。

初步设计在选定设计方案时，应对路线的走向、控制点和方案等进行现场核查，并征求沿线地方政府和建设单位意见后，基本落实路线布置方案，放出必要的控制线位桩。复杂地段的路线、互通立交、隧道、特大桥、大桥的位置，一般应选择两个或两个以上的方案进行同深度的勘测和设计方案比选，提出推荐方案。

6. 技术设计

公路工程基本建设项目一般采用两阶段设计，即初步设计和施工图设计。技术复杂而又缺乏经验的建设项目，或建设项目中的特大桥、互通立体交叉、隧道、高速公路和一级公路的交通工程及沿线设施中的机电设备工程等，必要时采用三阶段设计，即初步设计、技术设计和施工图设计。

技术设计应根据批准的初步设计及审批意见、勘测设计合同的要求，对重大、复杂的技术问题通过科学试验，进一步勘测调查，加强专题研究，解决初步设计中未解决的问题，落实技术方案，计算工程数量，提出修正的施工方案，编制修正设计概算，批准后为编制施工图设计的依据。

7. 施工图设计文件

施工图设计应根据批准的初步设计或技术设计，进一步对所审定的修建原则、设计方案、技术措施，加以具体和深化，通过现场定线勘测，确定路线及结构物的具体位置和设计尺寸，最终确定各项工程的数量，提出文字说明和适应施工需要的图表资料及施工组织计划，并编制施工图预算。

施工图设计文件一般由以下文件组成：总说明，总体设计，路线，路基路面及排水，桥涵，隧道，路线交叉，交通工程及沿线设施，环境保护，渡口码头及其他工程，筑路材料，施工组织计划，施工图预算，附件。其中总体设计只用于高速公路和一级公路。附件内容为补充地质勘探、水文地质调查及计算等基础资料。

8. 设计变更

设计变更是指自公路工程初步设计批准之日起至通过竣工验收正式交付使用之日止，对已批准的初步设计文件、技术设计文件或施工图设计文件所进行的修改、完善等活动。

公路工程设计变更分为重大设计变更、较大设计变更和一般设计变更。

对一般设计变更建议，由项目法人根据审查核实情况或者论证结果决定是否开展设计变更的勘察设计工作。

对较大设计变更和重大设计变更建议，项目法人经审查论证确认后，向省级交通主管部门提出公路工程设计变更的申请，并提交以下材料：

（1）设计变更申请书。包括拟变更设计的公路工程名称、公路工程的基本情况、原设计单位、设计变更的类别、变更的主要内容、变更的主要理由等；

（2）对设计变更申请的调查核实情况、合理性论证情况；

（3）省级交通主管部门要求提交的其他相关材料。

省级交通主管部门自受理申请之日起 15 日内做出是否同意开展设计变更的勘察设计工作的决定，并书面通知申请人。

设计变更的勘察设计应当由公路工程的原勘察设计单位承担。经原勘察设计单位书面同意，项目法人也可以选择其他具有相应资质的勘察设计单位承担。设计变更勘察设计单位应当及时完成勘察设计，形成设计变更文件，并对设计变更文件承担相应责任。

设计变更文件完成后，项目法人应当组织对设计变更文件进行审查。一般设计变更文件由项目法人审查确认后决定是否实施。项目法人应当在 15 日内完成审查确认工作。重大及较大设计变更文件经项目法人审查确认后报省级交通主管部门审查。其中，重大设计变更文件由省级交通主管部门审查后报交通运输部批准；较大设计变更文件由省级交通主管部门批准，并报交通运输部备案。若设计变更与可行性研究报告批复内容不一致，应征得原可行性研究报告批复部门的同意。

公路工程设计变更工程的施工原则上由原施工单位承担。原施工单位不具备承担设计变更工程的资质等级时，项目法人应通过招标选择施工单位。

3.4 工程管理文件

1. 建设用地及审批文件
包括：
（1）征地申请报告；
（2）建设用地规划图及许可证；
（3）用地范围图、地形图；
（4）建设用地呈报表及批复；
（5）土地使用证；
（6）有关林业、涉河等文件。
2. 征地拆迁合同、协议
包括：
（1）农田水利设施拆迁；
（2）电力、电缆、自来水、污水管线的拆迁；
（3）房屋拆迁及安置；
（4）有关费税缴纳的凭证、合同及其他。
3. 其他工程拆迁有关资料
征地拆迁及其他工程数量明细表。
4. 招投标及承发包等合同文件
包括勘察、勘探、设计、科研、监理、施工、采购等合同、协议。
（1）招投标公告。
（2）资格预审及审批文件。
（3）招标文件及审批文件（只存招标范本以外的招标文件）。
（4）投标文件及承诺书（中标单位）。
1）勘察设计投标书。目前，我国尚未规定工程勘察设计投标书的统一格式，一般由招标单位制定，作为招标文件的组成部分，由投标单位按要求编制和投送。
2）监理投标书。监理投标书由"监理大纲"和"费用建议书"两部分组成。
3）施工承包投标书。施工承包投标书的格式和内容，交通运输部在《公路工程国内招标文件范本》中作了统一规定，招标单位在招标时将其作为招标文件的组成部分。投标单位只要按要求编制即可。
（5）评标及评标结果。
（6）合同书（协议书）及公证书。

1）勘察设计合同。建设项目勘察设计合同，是指业主与勘察设计中标单位为明确双方权利、义务的协议。签订勘察设计合同的法律依据是《中华人民共和国合同法》和国务院颁发的《建设工程勘察设计合同条例》。勘察设计合同的主体双方应具有法人资格，勘察设计单位应持有与工程规模相适应的勘察设计证书。签订勘察设计合同时，要有批准的可行性研究报告。

2）委托监理服务协议。签订委托监理服务协议，应符合交通运输部《公路工程施工监理办法》的规定，监理单位应持有与工程规模相适应的资质。

3）施工承包合同。施工承包合同是业主与承包单位为完成工程项目施工任务，明确双方权力、义务的协议。签订施工合同的法律依据是《中华人民共和国合同法》和国务院颁发的《建筑安装工程承包合同条件》。合同的格式按照交通运输部颁布的《公路工程国内招标文件范本》。签订施工承包合同，主体双方必须有法人资格，承包单位应持有与工程规模相适应的资质，征地、拆迁问题已经解决，资金已经落实。

4）合同书（协议书）均应进行公证。

（7）工程材料招投标文件。

（8）其他。

5. 工程技术管理文件

包括：

（1）开工报告及审批文件；

（2）设计交底会议纪要；

（3）有关技术规范补充和修订；

（4）施工管理文件；

（5）工程质量事故报告及处理文件（包括申报表、质监部门检查意见、设计院签证的处理意见、事故发生部位的现场照片）；

（6）其他。

6. 其他文件

包括：

（1）环保及水保；

（2）劳动安全卫生；

（3）消防；

（4）规划；

（5）水、电、暖、煤气等供应协议书；

（6）其他。

3.5　科研新技术资料与特种载体资料

1. 科研新技术资料

对于重大、复杂的技术问题，或设计中采用的新结构、新材料在技术设计期间对其可靠性、施工工艺进行试验研究，落实技术方案。主要内容有：

（1）课题报告、任务书、批准书。

（2）协议书、委托书、合同。

（3）研究方案、计划、调查研究报告。

设计单位与科研部门合作的科研项目，事前必须向项目业主提出明确的课题报告。批准后的课题报告是编制研究方案的依据。

若为项目业主委托科研部门的科研项目，课题由项目业主提出。科研部门根据项目业主提出的课题和委托协议书要求编写研究方案。

研究方案中应提供计划、方法投入的设备、人员及人员资质等情况。

（4）实验记录。

（5）实验分析、计算、整理数据。

（6）阶段报告、科研报告、技术鉴定。

课题研究完成后，负责研究的单位要编制科研报告报项目业主。科研报告的内容主要由科研成果和方法，试验记录和分析、计算数据，主要责任人名单等组成。

科研项目完成后，其成果应按照其等级报相应委员会申请进行技术鉴定。

2. 特种载体资料

公路工程竣（交）工验收资料可以通过电子文档与录像等方法进行保存。

本 章 小 结

本章主要针对交工、竣工验收过程中应准备的综合性文件的内容及编制要求作一概述。竣工验收文件包括：交工验收报告、竣工验收鉴定书。

（1）综合文件由施工竣（交）工验收文件、工程总结、征地拆迁资料、上级单位批准文件及有关指示、项目建设承发包合同及其协议书、工程交接表等组成，包含了项目管理、实施及工程竣（交）工验收各个阶段所形成的工程管理资料。综合文件主要由建设管理单位编写，部分资料由参与建设的单位编写。

（2）建设项目配套的机电、绿化、房建等由项目法人负责交工验收，如对运营安全、服务水平和使用功能无实质影响时，原则上可安排在试运营阶段进行。环保、档案等单项验收按国家有关部门规定执行。

（3）公路工程基本建设程序是指基本建设项目从规划立项到竣工验收的整个建设过程中，各阶段建设活动的先后顺序和相互关系的法则。

公路建设应当按照下列程序进行：初步可行性研究、项目建议书、工程可行性研究、初步设计文件、施工图设计文、项目招标文件、征地拆迁等施工前准备工作、项目开工报告、竣工验收、项目评价。

（4）工程管理文件包括建设用地及审批文件、征地拆迁合同、协议、其他工程拆迁有关资料、招投标及承发包等合同文件、工程技术管理文件、其他文件。

复 习 思 考 题

1. 综合文件归档文件主要内容有哪些？

2. 配套工程验收文件包括哪些文件？

3. 建设依据及上级有关指示包括哪些文件？

4. 工程管理文件包括哪些文件？

5. 简述公路建设的程序。

第4章

竣工决算与审计资料

知识目标

1. 能够描述竣工决算、支付报表、工程决算审计报告、竣工决算报告的基本概念；
2. 能够描述竣工决算各类表格组成；
3. 掌握竣工决算文件与审计资料组成。

4.1 竣工决算

公路基本建设项目工程决算（以下简称工程决算）是客观、真实反映项目建设投资控制与管理成果的文件，是建设项目竣工验收文件的重要组成部分。

竣工决算分为财务竣工决算和工程竣工决算两部分。财务竣工决算和工程竣工决算分别从不同的侧面反映建设单位在项目管理过程中费用支出情况，也能够反映工程财务管理情况和资金使用情况。竣工决算是确定工程实际造价，也是投资执行期投资控制的最终程序。

工程竣工决算由项目法人负责按照交通运输部颁布的《关于发布公路建设项目工程决算编制办法的通知》所规定的工程决算编制办法进行。

工程竣工决算由勘测设计费、征地拆迁费、设计单位管理费、工程监理费、工程质量监督费、工程科研费和建筑安装工程费等组成。

工程竣工决算在工程项目进入试运营后就要安排进行编制，在竣工验收前编制完成。

建设项目工程竣工决算由业主（代表）负责编制。其内容包括编制说明、建设项目竣工决算汇总表和各合同段工程竣工决算。

财务竣工决算由业主（代表）按交通运输部及国家有关规定编制，主要反映从开工到竣工的全部资金来源，包括基建预算、其他基建拨款，基建收入专用基金、应付款等，资金的使用包括交付使用的财产、应核销的投资支出、结余的财产、物资等。

4.2 支付报表

支付报表主要包括建筑安装工程费用、设备器具购置费用和其他建设费用支出。

（1）建设安装工程费用是建设项目主体费用，由中间结账单和交工结账单组成。

（2）设备及工具、器具购置分为设备及工具、器具购置说明，购置清单以及支付报表组成。

（3）工程建设其他费用包括土地、青苗等补偿和安置补助费用及建设单位管理费、研究试验费用、勘察设计费、建设期限贷款利息和其他费用组成。

公路工程支付报表主要包括工程进度表、中期支付证书、清单支付报表、计日工支付报表、工程变更一览表、价格调整汇总表、价格调整表、单价变更一览表、永久性材料价差金额一览表、永久性材料到达现场计量表、扣回材料设备预付款一览表、扣回动员预付款一览表、中间计量表、清单支付报表。公路工程支付月报表封面见表 4-1。

表 4-1　　　　　　　　　　　　公路工程支付月报表封面

公路工程项目 　　　　　　　公路工程支付月报（第　合同段） 　　　　　（编号：　　　）   承包单位： 监理单位： 高级驻地监理工程师： 编制时间：　　年　　月　　日

4.3　工程决算审计报告

1. 工程概况

（1）概述工程名称、起讫桩号、途径主要控制点、工程设计标准、工程数量、造价和工期。

（2）建设单位、设计单位名称，监理单位名称及监理范围。

（3）承包单位名称、承包工程范围。

2. 审查单位及依据、程序

（1）审查单位及参加人员。

（2）审查依据，主要包括工程竣工报告和工程验收单，工程施工合同，施工图预算和补充修正预算，建设单位和施工单位合签的图纸会审记录等。

（3）审查程序。工程竣工决算审计程序如下：

1）审计工程施工合同。

2）审计施工图预算。

3）审计工程设计变更。

4）审计施工进度。

5）审计工程管理过程和行为。

3. 审核结论

审核结论主要反映送审造价、审定造价。

4. 分析差异原因

（1）工程量方面是否有多计、重计现象。

（2）材料价格取值是否有偏高问题。

（3）有无不执行合同协议书及招标专用文本规定多计取工程费用问题。

（4）有无工程变更数量不准确、执行单价偏高等问题。

（5）关于工程造价方面的其他问题。

附件包括工程造价咨询核定表，竣工决算书，原工程量清单，其他有关资料。

审计完成后，通过汇总审计后的决算造价，商定由建设单位、施工单位和审计单位三方认可的审定数额，并以此为依据，拟写审计报告。

4.4　竣工决算报告

竣工决算报告是考核交通基本建设项目投资效益、反映建设成果的文件，是确定交付使用财产价值、办理交付使用手续的依据。

4.4.1　编制依据

（1）经批准的可行性研究报告、初步设计、概算或调整概算、变更设计以及开工报告等文件；

（2）历年的年度基本建设投资计划；

（3）经审核批复的历年年度基本建设财务决算；

（4）编制的施工图预算，承包合同、工程结算等有关资料；

（5）历年有关财产物资、统计、财务会计核算、劳动工资、审计及环境保护等有关资料；

（6）工程质量鉴定、检验等有关文件，工程监理有关资料；

（7）施工企业交工报告等有关技术经济资料；

（8）有关建设项目附产品、简易投产、试运营（生产）、重载负荷试车等产生基本建设收入的财务资料；

（9）有关征地拆迁资料（协议）和土地使用权确权证明；

（10）其他有关的重要文件。

4.4.2　竣工决算主要内容

（1）竣工决算报告的封面、目录。

（2）竣工工程平面示意图。

（3）竣工决算报告说明书。竣工决算报告说明书是竣工决算报告的重要组成部分，主要内容包括：

1）工程项目概况及组织管理情况；

2）工程建设过程和工程管理工作中的重大事件、经验教训；

3）工程投资支出和财务管理工作的基本情况（包括主要会计事项处理原则、财产物资清理及债权债务清偿情况；

4）基建结余资金、基建收入等的上交分配情况；

5）主要技术经济指标的分析、计算情况等；工程遗留问题等。

（4）竣工决算表格。

4.4.3 公路工程竣工决算文件的组成

1. 建设项目竣工决算编制说明

（1）工程概况：工程名称、地点、建设规模及主要技术标准。

（2）完成的主要工程数量：路基土石方（万 m^3）、沥青混凝土路面（km^2）、大中桥及小桥（m/座）、涵洞（m/道）、分离式立交（m/处）、互通式立交（处）、隧道（m/处）、安全防护设施（延米）、服务区、收费站（处）、通信设施等。

（3）主要技术经济指标（万元/km），见表4-2。

表4-2   主要技术经济指标

项目	概算	实际造价
路基工程		
路面工程		
桥梁工程		
隧道工程		
房建		
交通安全设施		
监控、通信、收费系统		

（4）主要材料计划量和实际消耗量。

（5）批准概算与工程实际造价比较，投资控制情况分析。

2. 合同段竣工决算编制说明

（1）工程概况：工程名称、地点、建设规模及主要技术标准。

（2）完成的主要工程数量：路基土石方（万 m^3）、沥青混凝土路面（km^2）、大中桥及小桥（m/座）、涵洞（m/道）、分离式立交（m/处）、互通式立交（处）、隧道（m/处）、安全防护设施（延米）、服务区、收费站（处）、通信设施等。

（3）主要材料计划量和实际消耗量。

（4）合同价与工程实际造价比较。

××公路合同段竣工决算汇总见表4-3。

表4-3   ××公路 合同段竣工决算汇总表

货币单位：人民币   第 页 共 页

编号	费用名称	签约合同价	计量支付（不含变更）	工程变更（+/-）	工程索赔	实际支付合计	备注
1	100章 总则						
2	200章 路基						
3	300章 路面						
4	400章 桥梁、涵洞						
5	500章 隧道						
6	600章 安全设施及预埋管线						
7	700章 绿化及环境保护						
8	工程索赔						

编制：   校核：   项目经理：   驻地工程师：

4.4.4 交通基本建设项目竣工决算报告主要表格

1. 竣工决算审批表（表4-4）

中央级大中型基本建设项目，其项目竣工决算报告经省级交通主管部门或部属一级单位签署意见后报部备案。（一式四份）。

表 4-4　　　　　　　　　　　交通基本建设项目竣工决算审批表

建设项目法人（建设单位）		建设性质	
建设项目名称		主管部门	
主管部门（单位）意见： 盖章 年 月 日			
省级交通主管部门或部属单位意见： 盖章 年 月 日			
交通运输部审批意见： 盖章 年 月 日			

2. 建设项目概况表（表4-5、表4-6）

（1）建设时间开工和竣工日期按照实际开工和办理竣工验收的日期填列。如实际开工日期与批准的开工日期不符应做出说明。

（2）表中初步设计、调整概算的批准机关、日期、文号应按历次审批文件填列。

（3）表中有关项目的设计、概算、决算等指标，根据批准的设计文件和概算、决算等确定的数字填写。

（4）表中"总投资"按批准的概算和调整概算数及累计实际投资数填列。

（5）表中"基建支出合计"是指建设项目从开工起至竣工止发生的全部基本建设支出，根据财政部门或主管部门历年批准的"基建投资表"中有关数字填列。

（6）表中所列工程主要特征、完成主要工程量、主要材料消耗量、主要技术经济指标等，根据主管部门批准的概算、建设单位统计资料和施工企业提供的有关成本核算资料等分别填列。

（7）"主要收尾工程"填写工程内容和名称、预计投资额及完成时间等。如果收尾工程内容较多，可增设"收尾工程项目明细表"。这部分工程的实际成本，可根据具体情况进行估算，并作说明，完工以后不再调整竣工决算，但应将收尾工程执行结果按规定程序补报有关资料。

（8）"工程质量评定"填列经工程质量监督部门检测评定的建设项目质量评定及工程综合评价结果。

表 4-5 公路建设项目工程概况

建设项目名称				工程的主要特征、完成的主要工程量及主要经济技术指标	设计	实际
建设地址或地理位置				1. 公路等级		
建设时间	计划	从 年 月 日 至 年 月 日竣工		2. 计算行车速度/（km/h）		
	实际	从 年 月 日 至 年 月 日竣工		3. 路线总长/km		
初步设计和概算批准机关、日期、文号				4. 路基宽度/m		
				5. 路基土石方/万 m²		
调整概算批准机关、Ⅱ期、文号				6. 路面结构		
				7. 路面铺筑/（万 m²/km）		
开工报告批准时间				8. 桥梁总长/（m/座）		
主要设计单位				9. 隧道总长/（m/座）		
主要监理单位				10. 涵洞通道/（m/道）		
主要施工单位				11. 互通式立交/处		
工程质量监督部门				12. 分离式立交及平交/处		
总投资/万元	批准概算		竣工决算	13. 防护工程/万 m³		
				14. 连接线长度/km		
主要材料消耗	设计		实际	15. 管理及养护用房/m²		
钢材/t				16. 服务区/处		
木材/m³				17. 停车区/处		
水泥/t				18. 养护区/处		
沥青/t				19. 封闭工程/km		
基建支出合计/万元	批准概算		竣工决算			
建筑安装工程						
设备工具器具						
待摊投资						
其中：建设单位管理费				1. 平均每公里造价/万元		
其他投资				2. 拆迁房屋/m²		
待核销基建支出				3. 拆移人口/人		
非经营项目转出投资				4. 占地面积/亩		
主要收尾工程						
工程内容或名称	投资额/万元		预计完成时间			
				工程质量评定： 合格 项；不合格 项；总评		

表 4-6　　　　　　　　　　　桥梁、隧道建设项目工程概况

建设项目名称					工程的主要特征、完成的主要 工程量及主要经济技术指标	设计	实际
建设地址或地理位置					1. 桥梁、隧道全长/m		
建设时间	计划	从　　年　月　日 至　　年　月　日竣工			2. 主桥、隧道长度/m		
	实际	从　　年　月　日 至　　年　月　日竣工			3. 引桥、引道长度/m		
初步设计和概算批准 机关、日期、文号					4. 最大路径、隧道净宽/m		
					5. 通航净空、隧道净高/m		
调整概算批准 机关、Ⅱ期、文号					6. 桥梁墩数/个		
					7. 桥梁荷载/t		
开工报告批准时间					8. 断面形式		
主要设计单位					9.		
主要监理单位					10.		
主要施工单位					11. 接线公路等级		
工程质量监督部门					12. 连接线长度/km		
总投资/万元	批准概算		竣工决算				
主要材料消耗	设计		实际				
钢材/t							
木材/m³							
水泥/t							
沥青/t							
基建支出合计/万元	批准概算		竣工决算				
建筑安装工程							
设备工具器具							
待摊投资							
其中：建设单位管理费					1. 平均每公里造价/万元		
其他投资					2. 拆迁房屋/m²		
待核销基建支出					3. 拆移人口/人		
非经营项目转出投资					4. 占地面积/亩		
主要收尾工程							
工程内容或名称	投资额/万元		预计完成时间				
					工程质量评定： 合格　项；不合格　项；总评		

3. 基本建设项目竣工财务决算总表（表 4-7）

（1）表中有关"交付使用资产""基建拨款""项目资本""基建借款"等项目，填列自

开工建设至竣工止的累计数，上述指标根据历年批复的年度基本建设财务决算和竣工年度的基本建设财务决算中资金平衡表相应项目的数字进行汇总填列（包括收尾工程的估列数）。

（2）表中其余各项目反映办理竣工验收的结余数，根据竣工年度财务决算中资金平衡表的有关项目期末数填表。

（3）资金占用总额应等于资金来源总额。

（4）补充资料的"基建投资借款期末余额"反映竣工时尚未偿还的基建投资借款数，应根据竣工年度资金平衡表内的"基建投资借款"项目期末数填列；"应收生产单位投资借款期末数"，应根据竣工年度资金平衡表内的"应收生产单位投资借款"项目的期末数填列；"基建结余资金"反映竣工时的结余资金，应根据竣工财务决算总表中有关项目计算填列。

（5）基建结余资金的计算。基建结余资金＝基建拨款＋项目资本＋项目资本公积＋基建投资借款＋企业债券资金＋待冲基建支出－基本建设支出－应收生产单位投资借款。

表 4-7 建设项目竣工财务决算总表

资金来源	金额	资金占用	金额
一、基建拨款		一、基本建设支出	
1. 预算拨款		1. 支付使用资产	
2. 基建资金拨款		2. 在建工程	
3. 进口设备转账拨款		3. 待核销基建支出	
4. 器材转账拨款		4. 非经营项目转出投资	
5. 转出投资		二、应收生产单位投资借款	
6. 自筹资金拨款		三、拨付所属投资借款	
7. 其他拨款		四、器材	
二、项目资本		其中：待处理器材损失	
1. 国有资本		五、货币基金	
2. 法人资本		六、预付及应收款	
3. 个人资本		七、有价证券	
三、项目资本公积		八、固定资产	
四、基建借款		固定资产原价	
五、上级拨入投资借款		减：累计折旧	
六、企业债券基金		固定资产净值	
七、待冲基建支出		固定资产清理	
八、应付款		待处理固定资产	
九、未付款			
1. 未交税金			
2. 未交基建收入			
3. 未交基建节余			
4. 其他未交款			
十、上级拨入			
十一、留成收入			
合计		合计	

补充资料：基建投资期末投资金额
　　　　　应收生产单位投资借款期末数
　　　　　基建节余资金

4.4.5　交通基本建设项目竣工决算报告其他表格

交通基本建设项目竣工决算报告还包括资金来源情况表、待核销基建支出及转出投资明细表、工程造价和概算执行情况表、外资使用情况表、交付使用资产总表和交付使用资产明细表等。

本　章　小　结

本章主要介绍了竣工决算与审计资料，主要由建设项目竣工决算与财务决算、支付报表、工程决算审计报告、竣工决算报告组成。

1. 竣工决算

竣工决算分为财务竣工决算和工程竣工决算两部分，分别从不同的侧面对建设单位在项目管理过程中费用支出情况的反映，也能够反映工程财务管理情况和资金使用情况。

2. 支付报表

支付报表主要包括建筑安装工程费用、设备器具购置费用和其他建设费用支出。

3. 工程决算审计报告

工程决算审计报告由下列几部分组成：工程概况、审查单位及依据、程序、审核结论、分析差异原因。

4. 竣工决算报告

竣工决算报告是考核交通基本建设项目投资效益、反映建设成果的文件，是确定交付使用财产价值、办理交付使用手续的依据。

复　习　思　考　题

1. 什么是竣工决算，它由哪几部分组成？
2. 审计文件有哪几部分组成，附属表格主要有哪些？
3. 叙述支付报表的内容。
4. 什么是竣工决算报告，如何编制报告书？

第5章

施 工 资 料

知识目标

1. 能够描述施工资料的特点；
2. 能够描述施工资料的报验程序；
3. 能够说明竣工图表的主要内容；
4. 掌握工程项目的划分类型；
5. 掌握施工原始资料的主要类型；
6. 掌握工程质量的评分方法。

5.1 施工资料的特点

施工文件和竣工图表、竣（交）工验收文件等施工资料由施工单位编制，监理单位负责检查审核。

公路工程项目多、工程量大、施工工期长，从施工准备开始至竣工验收，凡是与工程有关的活动都需要按规范、规程、标准的规定同步记录下来，形成施工资料。其中有各种试验资料，有开工前的准备资料，还有路基、路面、桥梁等工程项目工序质量控制的施工资料和路基、路面、桥梁等工程项目交工验收的施工资料等，总之内容很多，涉及面广，主要特点如下。

1. 原始性、真实性

施工资料是在施工过程中形成的，它是施工过程中的原始记录，应随工程进展同步进行整理，使施工资料的具体形成过程与外业施工过程同步进行，保证达到原始、真实、准确、有效的效果。绝对不可对原始资料的一些数据随意进行剔除或更改，更不能在工程完工后再填写"回忆录"。所以施工资料应与外业同步，完成的资料应规范、标准，并在工程竣（交）工验收前将施工资料按要求组卷、装订成册。

2. 技术性、专业性

规范、规程、标准、设计文件等是施工资料编制的依据。施工资料的形成应符合国家及地方相应的法律、法规、规范、规程，同时还应符合工程合同与设计文件等规定。在进行施工编制时，每一张表、每一个数据都要按相应的规范、规程、标准中的具体要求认真的检查和填写，保证施工资料的编制质量。

3. 完整性、时效性

从施工资料编制的重要意义可以看出，施工资料不齐全、不完整，就不能指导施工和更不能反映所完工程的质量状况，工程也无法进行验收。所以施工资料必须齐全、完整。

确定施工资料的时限很重要，只有保证时限，才能达到时效。施工资料必须做到随工程进展同步形成。如原材料在进场过程中，必须及时进行原材料试验，及时进行试验资料的整理，以确定所进材料是否合格，避免不合格材料进入施工现场。标准试验的时间限制更重要，如水泥混凝土的配合比设计，必须限制在混凝土浇筑 28 天前完成。一旦试验不符合规范要求，施工单位和监理工程师还有时间重新试验，用取得的准确数据指导施工。否则，因试验未完成而无法指导施工和控制施工质量，既耽误了工期，又造成经济上的损失。同样，监理对施工资料的审批也必须在规定的最短时间内完成，如工序的检查验收试验，监理工程师必须及时进行签认，以免耽误下道工序的施工。另外，工程的竣工验收也必须在施工资料的整理、汇总完成后，经过有关单位验收合格才可进行。所以施工资料的形成、报验、审批一定要有时限要求。

5.2 施工资料的报验程序

施工资料的报验程序，应根据《公路工程施工监理规范》中的质量控制程序要求同步进行。其报验程序如图 5-1 所示。

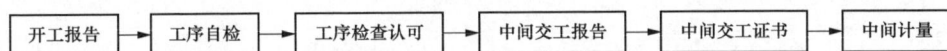

开工报告 → 工序自检 → 工序检查认可 → 中间交工报告 → 中间交工证书 → 中间计量

图 5-1 施工资料报验程序

1．开工报告

各合同段在工程开工前及相应的单位工程、分部工程或分项工程开工前，高级驻地监理工程师均应要求承包人提交工程开工报告并进行审批。工程开工报告应提出工程实施计划和施工方案；依据技术规范的要求，列明工程的质量控制指标及检验频率和方法；说明材料、设备、劳动力及现场管理人员等资源的准备情况及阶段性配置计划；提供施工测量、标准试验、施工图等必要的基础资料。

2．工序自检

监理工程师应要求承包人的自检人员应按照专业监理工程师批准的工艺流程和提出的工序检查程序，在每道工序完工后首先进行自检，自检合格后，申报专业监理工程师进行检查认可。

3．工序检查认可

每道工序完成后，专业监理工程师应紧接着承包人的自检或在承包人的自检的同时检查验收并签认，对不合格的工序应要求承包人进行缺陷修补或返工。前道工序未经检查认可，后道工序不得进行施工。

4．中间交工报告

当单位工程、分部工程或分项工程完成后，承包人的自检人员应再进行一次系统的自检，汇总各道工序的检查记录以及测量和抽样试验的结果，提出交工报告。

5．中间交工证书

专业监理工程师应按照工程量清单对已完工的工程进行一次系统的检查验收，必要时应进行测量或抽样试验。检查合格后，提请高级驻地监理工程师签发"中间交工证书"。未经中间交工检验或交工检验不合格的工程，不得进行下道工序的施工。

6. 中间计量

签发了"中间交工证书"的工程可以进行计量，由高级驻地监理工程师签发"中间计量表"。但竣工资料不全应暂缓计量支付。

5.3 竣工图表

竣工图表的主要内容见表 5-1。

表 5-1   竣 工 图 表 汇 总 表

序号	项目	序号	项目
1	总说明书、总体设计	6	路线交叉竣工图
2	路线平、纵面竣工图	7	交通工程及沿线设施竣工图
3	路基、路面及排水竣工图	8	环境保护工程竣工
4	桥梁、涵洞竣工图	9	其他工程（含线外工程）竣工图
5	隧道竣工图	10	通用图

1. 总说明书、总体设计

包括：

（1）竣工说明。

（2）路线地理说明书。

（3）说明书。

（4）路线平纵面缩图。

（5）技术经济指标表。

（6）公路平面总体设计图。

2. 路线平、纵面竣工图

（1）竣工说明。

1）平面线型是否按设计施工。

2）平面线型的变更情况。

3）平面线要素的变更情况。

4）长短链情况。

5）纵坡变更的原因及依据。

6）竣工的纵坡是否符合原设计和变更设计的纵坡情况。

7）施工中采用哪种方法控制纵坡标高。

（2）平面竣工图。

1）变更的构造物，要去掉原构造物，补画实际竣工的构造物。

2）通道、跨线桥的引道须按竣工的实际走向、长度、宽度画上。

3）路基边沟按实际排水方向标注箭头。

4）地形、地物与实地不符合的应予以纠正。

（3）纵面竣工图。

1）原地面线须画成虚线，地面线标高应反映施工队伍进场复测后的地面标高。

2）将原"设计高程"改为"竣工高程"。

3) 图下表中的标高、竖曲线、坡度、坡长等须按竣工后的实际数字填写。

4) 纵断面上的构造物应按竣工的位置桩号、结构、孔径（跨径）表示。

(4) 其他图表参照原施工设计图或综合表进行编制。

3. 路基、路面及排水竣工图

(1) 竣工说明。

1) 简要说明路基的断面几何情况和路面结构等情况。

2) 施工过程中执行原设计对不良地质处理措施的情况。

3) 对不良地质处理措施的变更设计原因及依据。

4) 路基施工中控制压实度的情况。

5) 防护工程中全面执行原设计的情况及变更情况。

6) 施工过程中全面执行原设计的路面结构的情况。

7) 路面结构的变更原因及依据。

8) 路面主要材料的来源及其质量。

9) 路面施工采用哪些先进的施工机械。

10) 控制路面施工质量采取哪些有效措施（或施工工艺）。

11) 执行路面施工规范情况。

12) 施工中对质量事故的处理情况。

13) 工程质量自检情况。

(2) 竣工图表。

1) 路基横断面图。

① 路基横断面图形式上参照原设计图，采用的断面应根据施工中实际计量的断面。

② 路基横断面图上各点的标高应在路基工程数量表上反映出来。

③ 路基工程数量表应附上计算方法以及依据。

2) 其他竣工图表参照原施工设计图，有变更的地方加以修改。

4. 桥梁、涵洞竣工图

(1) 特大桥、大桥。

1) 竣工说明。

① 扼要说明大桥的开、竣工日期、施工过程、施工工艺、采用新材料情况。

② 在施工中遇到的各种问题和采取的措施以及工程质量检测、执行技术规范等情况。

③ 在施工过程中执行原设计的情况以及变更设计情况。

④ 特大桥、大桥施工组织设计、计划编排、调整。

⑤ 发生质量事故处理情况。

⑥ 隐蔽工程质量检查情况。

⑦ 工程质量自检情况。

2) 竣工图。参照原施工设计图，有变更的地方加以修改。

(2) 中桥、小桥。

1) 竣工说明。

① 本段中、小桥的概况。

② 在施工过程中全面执行原设计的情况。

③ 在施工过程中工程变更情况及变更依据。

④ 施工中执行施工技术规范、控制施工质量、质量事故处理等情况。

⑤ 主要材料来源及其材质、施工工艺等情况。

⑥ 地质情况以及对不良地质的处理情况。

⑦ 工程质量自检情况。

2) 竣工图。参照原施工设计图，有变更的地方加以修改。

（3）涵洞。

1) 竣工说明。

① 本段涵洞概况。

② 在涵洞施工中遇到的不良地质的处理情况。

③ 执行原设计的情况。

④ 工程变更的情况。

⑤ 施工事故的处理情况。

⑥ 执行施工技术规范的情况。

⑦ 工程质量自检情况。

2) 竣工图。参照原施工设计图，有变更的地方加以修改。

5. 隧道竣工图

（1）竣工说明。

1) 说明隧道工程概况。

2) 在施工过程中执行原设计的情况、工程变更情况。

3) 在施工中采用新工艺、新材料情况，对不良地质的处理情况。

4) 执行施工技术规范情况。

5) 工程质量自检情况。

（2）竣工图。参照原施工设计图，有变更的地方加以修改。

6. 路线交叉竣工图

（1）管道、通道、平交、分离式立交。

1) 竣工说明。

① 要说明管道、通道、平交、分离式立交等工程概况。

② 在施工过程中执行原设计的情况，工程变更情况。

③ 在施工中采用新工艺、新材料情况，对不良地质的处理情况。

④ 执行施工技术规范情况和质量事故处理情况。

⑤ 工程质量自检情况。

2) 竣工图。参照原施工设计图，有变更的地方加以修改。

（2）互通式立交。

1) 竣工说明。

① 扼要说明互通式立交的型式和工程概况。

② 在施工过程中执行原设计的情况和工程变更情况。

③ 在施工中采用新工艺、新材料的情况。

④ 对不良地质的处理情况。

⑤ 执行施工技术规范和质量事故处理情况。

⑥ 工程质量自检情况。

2）竣工图。参照原施工设计图，有变更的地方加以修改。

7. 交通工程及沿线设施竣工图

（1）交通安全设施。

1）竣工说明。

① 安全设施包括哪些内容及其工程概况。

② 安全设施工程在施工过程中执行原设计的情况，遇哪些问题采取什么措施解决，有无工程变更情况。

③ 采用新工艺、新材料的情况。

④ 执行施工技术规范情况。

⑤ 自检质量情况。

2）竣工图。参照原施工设计图，有变更的地方加以修改。

（2）监控、通信、收费、供电、照明。

1）竣工说明。

① 说明主线收费站与匝道收费站的内容、规模以及供电系统的基本情况和全线的监控、通信等内容。

② 施工过程中执行原设计的情况，工程变更情况，以及施工进度等情况。

③ 执行施工技术规范情况和事故的处理情况。

④ 工程质量自检情况。

2）竣工图。参照原施工设计图，有变更的地方加以修改。

（3）服务区和房屋建筑。

1）竣工说明。

① 说明服务区和房屋建筑的内容、规范以及工程进度情况。

② 在施工过程中执行原设计情况和工程变更情况。

③ 执行施工技术规范和事故处理情况。

④ 对不良地质的处理情况以及还有哪些遗留问题和今后维修养护中要重点注意的问题。

⑤ 质量自检的情况。

2）竣工图。参照原施工设计图，有变更的地方加以修改。

8. 环境保护工程竣工图

（1）竣工说明。

1）说明主要环保工程内容与规模。

2）施工过程中执行原设计情况及工程变更情况。

3）执行施工技术规范情况。

4）工程质量自检情况。

（2）竣工图。参照原施工设计图，有变更的地方加以修改。

9. 其他工程（含线外工程）竣工图

（1）竣工说明。

1）说明工程内容及变更情况。

2）施工过程中执行原设计情况。

（2）竣工图表。

1）参照原施工设计图，有变更的地方加以修改。

2）其他工程数量表。

5.4 施工原始资料

公路工程的施工原始资料是工程在施工的质量管理过程中所形成的质量管理（工序质量控制）资料，它主要包括施工检验资料与试验资料，在工程质量文件中包含施工自检报告部分的资料，在试验、检测报告中包含原材料、半成品、成品、混凝土、砂浆等项目的试验检测报告。所以在施工原始资料中，为避免归档资料重复过多，不再重复归档。

施工原始资料主要为路基工程、路面工程、桥梁工程、隧道工程及交通安全设施五大类，施工原始资料归档文件参考表 5-2。

基本要求：公路工程用原材料和施工技术要求，应满足对应技术规范的规定。施工质量要求各项指标的检验评定频率应满足《公路工程质量检验评定标准》的要求。

组卷要求：原始资料组卷按照路基、路面、桥梁、隧道、交通安全设施、收费站等房建施工资料、收费、监控、通信系统及绿化工程等施工资料分类。组卷文件原则：路线的起点到终点，施工顺序自下到上。

某路基工程施工原始资料组卷如图 5-2 所示。

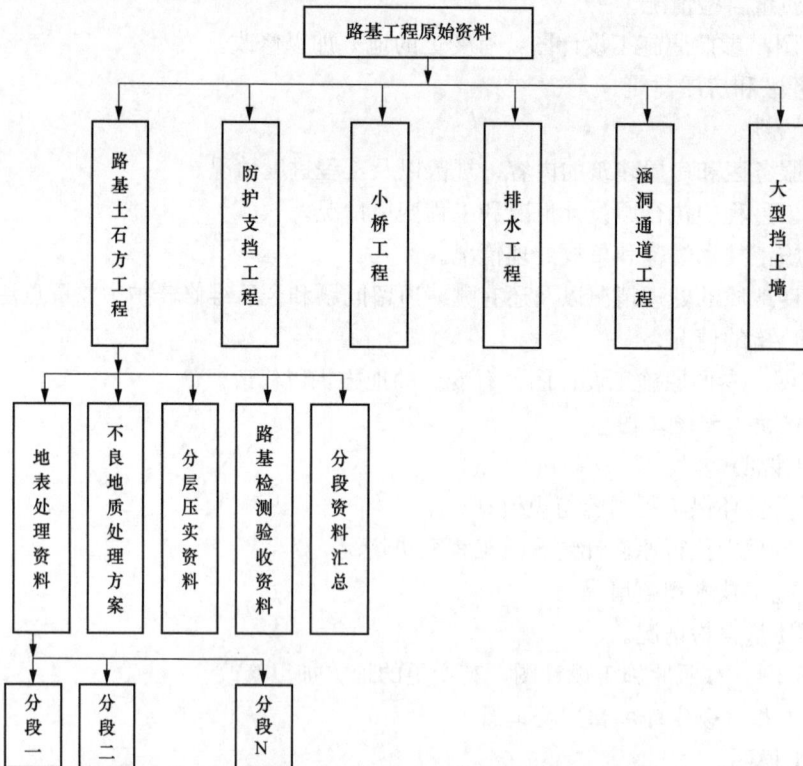

图 5-2 某路基工程施工原始资料组卷示意图

表 5-2　　　　　　　　　　　　施工原始资料一览表

序号	归档文件	保存期限	编制单位
（Ⅰ）	路基工程		施工单位
1	路基土石方工程		施工单位
（1）	地表处理资料		施工单位
（2）	不良地质处理方案、施工资料、检测资料		施工单位
（3）	分层压实资料		施工单位
（4）	路基检测、验收资料		施工单位
（5）	分段资料汇总		施工单位
2	构造物及防护工程		施工单位
（1）	基坑开挖、处理试验、检测资料		施工单位
（2）	各工序施工记录、检测、试验资料		施工单位
（3）	成品检测资料		施工单位
（4）	砂浆（混凝土）强度实验		施工单位
3	小桥工程		施工单位
（1）	基坑处理、检查记录		施工单位
（2）	基础处理、检查、试验记录		施工单位
（3）	各分项工程施工检查、施工、试验记录		施工单位
（4）	质量检查记录		施工单位
4	排水工程		施工单位
（1）	各工序施工、检测记录		施工单位
（2）	砂浆、混凝土强度试验资料		施工单位
（3）	成品检查记录		施工单位
（4）	分段质量检测资料汇总		施工单位
5	涵洞工程		施工单位
（1）	基坑开挖、处理记录		施工单位
（2）	各工序施工、检查记录资料		施工单位
（3）	砂浆、混凝土试验资料		施工单位
（4）	成品检查资料		施工单位
（Ⅱ）	路面工程		施工单位
1	压实度检测资料		施工单位
2	强度检测、试验资料		施工单位
3	材料配合比检测、试验资料		施工单位
4	各工序施工检测记录		施工单位
5	检查资料汇总		施工单位
（Ⅲ）	桥梁工程		施工单位
1	基坑开挖、处理施工记录、检查资料		施工单位
2	基础施工检查资料、桩基检测资料		施工单位
3	现浇构件施工、检测、试验资料		施工单位
4	预制构件施工、检测、试验资料		施工单位
5	预制构件张拉、压浆检查资料		施工单位
6	外构件检查记录		施工单位

序号	归档文件	保存期限	编制单位
7	按施工工序各中间环节检查记录		施工单位
8	混凝土、砂浆强度试验资料		施工单位
9	各部位检查、验收资料		施工单位
10	引道工程、防护工程施工、检测、检查记录		施工单位
（Ⅳ）	隧道工程		施工单位
1	洞身开挖施工、检查资料		施工单位
2	衬砌施工、检查资料		施工单位
3	隧道路面工程施工、检查记录		施工单位
4	照明、通风、消防设施施工、检查记录		施工单位
5	洞口施工检查记录		施工单位
6	各种附属设施检验施工记录		施工单位
7	各环节工序检查、验收资料		施工单位
8	隧道衬砌厚度、混凝土强度检验资料		施工单位
（Ⅴ）	交通安全设施		施工单位
1	各种标志牌制作安装检查记录		施工单位
2	标线检查资料、施工记录		施工单位
3	防撞护栏、隔离栅及附属设施施工、检查资料		施工单位
4	照明系统施工、检测资料		施工单位
5	各中间环节检测资料		施工单位
6	成品检测资料		施工单位
7	其他实测资料		施工单位
（Ⅵ）	收费站等房建施工资料		施工单位
（Ⅶ）	收费、监控、通信系统		施工单位
（Ⅷ）	绿化工程等施工资料		施工单位

5.5　工程质量检验评定资料

公路工程质量检验评定应按照《公路工程质量检验评定标准》和《公路工程竣（交）工验收办法实施细则》的规定进行。

5.5.1　基本要求

（1）公路工程质量检验评定由该建设项目的质量监督机构或竣工验收单位指定的质量监督机构负责组织。

（2）公路工程质量检验评定工作包括工程实体检测、外观检查和内业资料审查。

（3）公路工程质量检验评定依据质量监督机构在交工验收前和竣工验收前的工程质量检测资料，同时可结合监督过程中的检查资料进行评定（必要时工程质量检测工作可委托有相应资质的检测机构承担）。

5.5.2 一般规定

公路工程质量检验评定应按分项工程、分部工程、单位工程逐级进行。分项工程完工后，应根据《公路工程质量检验评定标准》进行检验，对工程质量进行评定。隐蔽工程在隐蔽前应检查合格；分部工程、单位工程完工后，应汇总评定所属分项工程、分部工程质量资料，检查外观质量，对工程质量进行评定。并采用合格率法作为公路工程质量检验评定的方法。

5.5.3 工程质量检验

分项工程应按基本要求、实测项目、外观鉴定和质量保证资料等检验项目分别检查。分项工程质量应在所使用的原材料、半成品、成品及施工控制要点等符合基本要求的规定，无外观质量限制缺陷且质量保证资料真实齐全时，方可进行检验评定。

（1）基本要求检查应符合的规定：

1）分项工程应对所列基本要求逐项检查，经检查不符合规定时，不得进行工程质量的检验评定。

2）分项工程所用的各种原材料的品种、规格、质量及混合料配合比和半成品、成品应符合有关技术标准规定并满足设计要求。

（2）实测项目检验应符合的规定：

1）对检查项目按规定的检查方法和频率进行随机抽样检验并计算合格率。

2）以路段长度规定的检查频率为双车道路段的最低检查频率，对多车道应按车道数与双车道之比相应增加检查数量。

3）应按下式计算检查项目合格率：

$$检查项目合格率（\%）=\frac{合格的点（组）数}{该检查项目的全部检查点（组）数}\times100\%$$

（3）检查项目合格判定应符合的规定：

1）分项工程中对结构安全、耐久性和主要使用功能起决定性作用的检查项目称为关键项目（用"△"标识）。关键项目的合格率应不低于 95%（机电工程为 100%），否则该项检查项目为不合格。

2）一般项目的合格率不应低于 80%，否则该检查项目为不合格。

3）有规定极值的检查项目，任一单个检测值不应突破规定极值，否则该项检查项目为不合格。

4）采用《公路工程质量检验评定标准》附录 B 至附录 S 所列方法进行检验评定的检查项目，不满足要求时，该项检查项目为不合格。

（4）外观质量应进行全面检查，并满足规定要求，否则该项检查项目为不合格。

（5）工程应有真实、准确、齐全、完整的施工原始记录、试验检测数据、质量检验结果等质量保证资料。质量保证资料应包括下列内容：

1）所用原材料、半成品和成品质量检验结果。

2）材料配合比、拌和加工控制检验和实验数据。

3）地基处理、隐蔽工程施工记录和桥梁、隧道施工监控资料。

4）质量控制指标的试验记录和质量检验汇总图表。

5）施工过程中遇到的非正常情况记录及其对工程质量影响分析评价资料。

6）施工过程中如发生质量事故，经处理补救后达到设计要求的认可证明文件等。

（6）检验项目评为不合格的，应进行整修或返工处理直至合格。

5.5.4 工程质量评定

工程质量等级应分为合格与不合格。

分项工程质量评定合格应符合的规定：检验记录应完整；实测项目应合格；外观质量应满足要求。

分部工程质量评定合格应符合的规定：评定资料应完整；所含分项工程及实测项目应合格；外观质量应满足要求。

单位工程质量评定合格应符合的规定：评定资料应完整；所含分部工程应合格；外观质量应满足要求。

评定为不合格的分项工程、分部工程，经返工、加固、补强或调测，满足设计要求后，可重新进行检验评定。

所含单位工程合格，该合同段评定为合格；所含合同段合格，该建设项目评定为合格。

5.5.5 其他说明

现有的《公路工程竣（交）工验收办法实施细则》附件 1 中规定的抽查项目是按照 2004 版的《公路工程质量检验评定标准》来配套的，交通运输部于 2017 年底发布的新版《公路工程质量检验评定标准》对公路工程一般建设项目的单位工程、分部工程、分项工程进行重新划分，故公路工程质量检验评定的抽查项目暂参照《公路工程竣（交）工验收办法实施细则》附件 1 执行。

本 章 小 结

（1）施工文件和竣工图表、竣（交）工验收文件等施工资料由施工单位编制，监理单位负责检查审核。施工资料的特点包括：①原始性、真实性；②技术性、专业性；③完整性、时效性。

（2）施工资料的报验程序有：①开工报告；②工序自检报告；③工序检查认可；④中间交工报告；⑤中间交工证书；⑥中间计量。

（3）竣工图表主要有：①总说明书、总体设计；②路线平、纵面竣工图；③路基、路面及排水竣工图；④桥梁、涵洞竣工图；⑤隧道竣工图；⑥路线交叉竣工图；⑦交通工程及沿线设施竣工图；⑧环境保护工程竣工图；⑨其他工程（含线外工程）竣工图。

（4）建设项目按单位工程、分部工程和分项工程逐级进行划分，并对工程质量进行评分。

（5）公路工程的施工原始资料是工程在施工的质量管理过程中所形成的质量管理（工序质量控制）资料。施工原始资料主要为路基工程、路面工程、桥梁工程、隧道工程及交通安全设施五大类。

（6）公路工程质量评定应按照交通运输部《公路工程质量检验评定标准》和交通运输部《关于贯彻执行公路竣交工验收办法有关事宜的通知》的规定进行。

建设项目划分为单位工程、分部工程和分项工程。分项工程质量检验内容包括基本要求、实测项目、外观鉴定和质量保证资料 4 个部分。

复 习 思 考 题

1. 施工资料的特点是什么?
2. 建设项目划分为哪几类?
3. 分项工程质量检验内容包括哪些?
4. 请列举公路工程质量等级?

第6章

监 理 资 料

知识目标

1. 了解监理资料的基本内容；
2. 掌握监理资料的各类文件内容与编制信息；
3. 掌握监理资料中的各项内容的分类与整理要求；
4. 会分析各类表格的填写内容。

6.1 监理资料基本内容

工程监理单位是工程建设责任主体之一。工程监理单位接受建设单位的委托，对建设工程进行监督与管理。监理文件由工程监理单位负责编制，并负责监督、检查项目建设中文件收集、积累的完整、准确情况。在工程项目的监理工作中，会产生大量的信息文件，主要涉及监理工作的依据文件和监理工作中形成的文件两个方面。其基本内容见表 6-1。

表 6-1　　　　　　　　　　　　　　监 理 资 料 基 本 内 容

类别	内容
1. 监理管理文件	(1) 监理规划
	(2) 监理实施细则
	(3) 会议纪要
	(4) 监理日志
	(5) 监理月报
	(6) 工程检查通报
	(7) 监理通知及回复、往来函件
	(8) 监理工作总结
2. 工程质量控制文件	(1) 各类工程材料、构配件、设备报验
	(2) 施工测量放样
	(3) 施工试验报验
	(4) 不合格项处置记录
	(5) 质量问题和事故报告及处理资料
3. 工程进度计划管理文件	(1) 工程动工报审表及附件
	(2) 年、季、月进度计划
	(3) 月工、料、机动态表
	(4) 停、复工资料
4. 合同管理文件	(1) 施工监理招投标文件
	(2) 建设工程委托监理合同
	(3) 施工招投标文件
	(4) 建设工程施工合同、分包合同、各类订货合同等
	(5) 分包资质管理

4. 合同管理文件	（6）工程变更文件
	（7）合同其他事项管理
5. 计量支付文件	（1）概预算或工程量清单
	（2）工程量报审与支付证书
	（3）预付款报审与支付证书
	（4）月工程进度款报审与签认
	（5）工程款支付申请与支付证书
	（6）工程竣工计算

监理文件与资料应及时整理，分类有序。在日常监理工作中，应注意对须归档文件与资料的积累与整理，避免竣工时再补资料。

6.2　监理管理文件

监理单位应建立文件资料管理制度，根据项目管理要求将文件与资料分类管理，特别是需要归档的文件从工作开始就需要系统、完整地收集、整理。监理的质量、安全、环保、费用、进度、合同的管理以及工程各方的往来函件及重要工程活动全部要通过监理文件与资料系统、完整地反映。监理机构应建立完善的资料管理制度，建立各种台账，并运用计算机管理软件，设专人负责文件资料管理工作。

6.2.1　监理规划

监理规划是指导监理工作的纲领性文件。由总监理工程师根据监理合同，在监理大纲的基础上，结合项目的具体情况组织编制，经监理单位技术负责人审核批准，在监理交底会前报送建设单位。

监理规划的内容应有针对性，做到控制目标明确、控制措施有效、工作程序合理、工作制度健全、职责分工清楚，对监理实施工作有指导作用。

1. 工程项目概况

包括工程项目名称、建设地点、建设规模、预算投资、建设工期、工程特点以及业主、设计单位、监理单位、承包人、主要分包单位等内容。

2. 监理工作依据

（1）国家和地方有关工程建设的法律、法规。

（2）建设工程委托监理合同。

（3）业主与承包人签订的本工程施工合同及补充协议。

（4）标准、规范及有关技术文件。

（5）本工程的工程地质、水文地质勘察报告。

（6）本工程设计文件、设计变更、工程洽商有关文件。

（7）工程量清单，工程报价单或预算书。

3. 监理范围和目标

监理范围是指监理单位所承担任务的工程项目建设监理的范围。例如：××公路工程××标段路基、桥涵、隧道工程。

监理目标是指监理单位所承担的工程项目的监理目标。包括工期控制目标、工程质量控制目标和工程造价控制目标。

4. 工程进度控制

包括总进度计划、工期控制目标的分解、进度控制程序、进度控制要点、控制进度风险的措施、进度控制的动态管理等。

5. 工程质量控制

包括质量控制目标、质量控制目标的分解、质量控制程序、质量控制要点、控制质量风险的措施、质量控制的动态管理等。

6. 工程造价控制

包括工程总造价、投资控制目标的分解、投资使用计划、投资控制程序、控制投资风险的措施、投资控制的动态管理等。

7. 合同及其他事项管理

(1) 合同管理：包括合同管理的工作流程与措施，合同执行的动态管理，工程变更、索赔程序，合同争议的协调方法等。

(2) 信息管理：包括信息流程图，信息分类表，信息管理的工作流程与措施等。

(3) 组织协调：包括与工程项目有关的单位，协调工作程序等。

8. 监理组织机构

(1) 组织形式和人员构成。

(2) 监理人员的职责分工。

(3) 监理人员进场计划安排。

9. 监理工作管理制度

(1) 监理工作制度。图纸会审及设计审核制度，施工组织设计审核制度，工程开工申请制度，工程材料、半成品质量检验制度，分项（部）工程质量验收制度，单位工程中间验收制度，设计变更处理制度，现场协调会及工地会议纪要签发制度，施工备忘录签发制度，施工现场紧急情况处理制度，计量支付制度，工程索赔签审制度等。

(2) 监理内部工作制度。监理组织工作会议制度，对外行文审批制度，监理工作日志制度，监理旬、月报制度，档案管理制度，监理费用预算制度，信息和资料管理制度等。

6.2.2　监理实施细则

对技术复杂、专业性较强的工程项目，项目驻地监理办应根据监理规划的要求，并结合工程项目的专业特点，编制监理细则。监理实施细则是在监理规划的指导下，在相应工程施工开始前，由专业监理工程师针对项目的具体情况制定的更具有实施性和可操作性的业务文件。监理实施细则应经总监理工程师审核批准后实施。

1. 编制依据

(1) 已批准的监理规划。

(2) 与专业工程相关的标准、设计文件和技术资料。

(3) 施工组织设计。

2. 主要内容

(1) 专业工程的特点。

(2) 监理工作流程。

（3）监理工作的控制要点及目标值。

（4）监理工作的方法及措施。

6.2.3 会议纪要

工地会议根据会议的召开时间、内容及参加人员的不同，分为第一次工地会议、工地会议和现场协调会等三种形式。

1. 第一次工地会议

（1）会议目的。第一次工地会议的目的，在于监理工程师对工程开工前的各项准备工作进行全面的检查，确保工程实施有一个良好的开端。

（2）会议组织。第一次工地会议宜在正式开工之前召开。总监办应事先将会议议程及有关事项通知业主、承包人及其他有关单位并做好会议准备。第一次工地会议应由监理工程师主持，业主、承包人法定代表人或授权代表必须出席，各方在工程项目中担任主要职务的人员及分包单位负责人应参加会议。第一次工地会议应邀请质量监督部门参加。

（3）会议内容。

1）第一次工地会议上，各方应介绍各自的人员、组织机构、职责范围及联系方式。业主应宣布对监理工程师的授权；总监理工程师应宣布对驻地监理工程师授权；承包人应书面提交对工地代表（项目经理）的授权书。

2）承包人应陈述开工的各项准备情况；监理工程师应就施工准备以及安全、环保等予以评述。

3）业主应就工程占地、临时用地、临时道路、拆迁、工程支付担保情况以及其他与开工条件有关的内容及事项进行说明。

4）监理单位应就监理工作准备情况以及有关事项做出说明。

5）监理工程师应就主要监理程序、质量和安全事故报告程序、报表格式、函件往来程序、工地例会等进行说明。

6）总监理工程师应进行会议小结，明确施工准备工作还存在的主要问题及解决措施。

2. 工地会议

（1）会议目的。工地会议的目的，在于监理工程师对工程实施过程中的进度、质量、费用的执行情况进行全面检查，为正确决策提供依据，确保工程顺利进行。

（2）会议组织。工地会议应在开工后的整个施工活动期内定期举行，宜每月召开一次。工地会议应由监理工程师主持。会议参加者为高级驻地监理工程师及有关助理人员，承包人的授权代表、指定分包人及有关助理人员，业主代表及有关助理人员。

（3）会议内容。会议应按既定的例行议程进行，一般应由承包人逐项进行陈述并提出问题与建议，监理工程师应逐项组织讨论并做出决定或决议的意向。会议一般按以下议程进行讨论和研究：

1）确认上次会议记录：可由监理工程师的记录人对上次会议纪要征询意见，并在本次会议纪要中加以修正。

2）审查工程进度：主要是关键线路上的施工进展情况及影响施工进度的因素和对策。

3）审查现场情况：主要是现场机械、材料、劳动力的数量以及对进度和质量的适用情况，并提出解决措施。

4）审查工程质量：主要应针对工程缺陷和质量事故，就控制标准、施工工艺、检查验收等方面提出问题及解决措施。

5）审查工程费用事项：主要是材料设备预付款、价格调整、额外的暂定金额等发生或将发生的问题及初步的处理意见或意向。

6）审查安全事项：主要是审查安全生产管理措施落实和对安全生产隐患提出处理措施。

7）讨论施工环境：主要是承包人无力防范的外部施工阻挠或不可预见的施工障碍等方面的问题及解决措施。

8）讨论延期与索赔：主要是承包人提出延期或索赔的意向，进行初步的澄清和讨论，另按程序申报并约定专门会议的时间和地点。

9）审议工程分包：主要是对承包人提出的工程分包的意向进行初步审议和澄清，确定进行正式审查的程序和安排，并解决监理工程师已批准（或批准进场）分包中管理方面的问题。

10）其他事项。

3. 现场协调会

（1）会议目的。现场协调会的目的，在于监理工程师对日常或经常性的施工活动进行检查、协调和落实，使监理工作和施工活动密切配合。

（2）会议组织。在整个施工活动期间，应根据具体情况定期或不定期召开不同层次的施工现场协调会。会议只对近期施工活动进行协调，对发现的施工质量问题及时予以纠正，对其他重大问题只是提出而不进行讨论，另行召开专门会议或在工地会议上进行研究处理。会议应由监理工程师主持，承包人或代表出席，有关监理及施工人员可酌情参加。

（3）会议内容：

1）承包人报告近期的施工活动，提出近期的施工计划安排，简要陈述发生或存在的问题。

2）监理工程师就施工进度和施工质量予以简要评述，并根据承包人提出的施工活动安排，安排监理人员进行旁站监理、工序检查、抽样试验、测量验收、计量测算、缺陷处理等施工监理工作。

3）对执行施工合同的其他问题交换意见。

工地会议纪要记录格式见表 6-2。

表 6-2　　　　　　　　　　　工 地 会 议 纪 要

承包单位：　　　　　　　　　　　　　　　　　　　　　　　合同号：
监理单位：　　　　　　　　　　　　　　　　　　　　　　　编　号：

时间： 地点： 主持人：		
参加者		
监理人员	承包人	其他人员
记录整理人：　　　　　　　　　　　　　　　　　　　本会议纪要共　页		
抄送：		
监理工程师：　　　　　　　　　　　　　　　　　　　日期：		
承　包　人：　　　　　　　　　　　　　　　　　　　日期：		

6.2.4　监理日志

监理日志以项目监理部的监理工作为记载对象，从监理工作开始起至监理工作结束止，由专人负责逐日记载。监理日志表见表6-3。

（1）准确记录时间，如实填写气象、气温等天气情况。根据当地天气预报，结合现场实测情况，如实填写气温、气象等天气情况。天气情况记录的准确性和工程质量有直接的关系。比如：混凝土、砂浆强度在不同温度、湿度条件下的变化值有明显的区别。监理人员可以根据混凝土浇筑温度及今后几天的气温变化，判断是否具备拆模条件。

（2）做好工程验收、现场巡视、现场旁站等相关工作记录，真实、准确、全面地反映监理工作中的"三控、两管、一协调"等日常工作。

1）监理人员必须做好日常巡视工作，增加巡视次数、提高巡视质量。巡视结束后，按不同专业、不同施工部位进行分类整理，最后工整地书写监理日记。

2）发现问题是监理人员经验和观察力的表现，解决问题是监理人员能力和水平的体现，所以监理日记应记好发现的问题，解决的方法以及整改的过程和程度。

3）关心安全文明施工管理，做好安全检查记录。

4）书写工整、规范用语、内容严谨，工程监理日记应能充分展现记录人对各项活动、问题及其相关影响的表达。

表6-3　　　　　　　　　　　监　理　日　志

_____工程项目　　　　　　　　　　　　　　　　　编号：_____

监理机构		合同号	
记录人		日期	
审核人		日期	
天气			
各合同段主要施工项目简述			
监理机构主要工作简述（审批、验收、旁站、指令、会议等）			
就有关问题与建设单位、施工单位等进行澄清或处理的情况简述			

6.2.5　监理月报

监理工程师应根据工程进展情况、存在的问题每月以报告书的形式向业主和上级监理部门报告。月报所陈述的问题仅指已存在的或将对工程费用、质量及工期产生实质性影响的事件，报告使业主及上级监理部门能对工程现状有一个比较清晰的了解。报告书中对进度比原定计划落后的分项和细目，应说明延迟的原因以及为挽回这种局面已采取或将要采取的措施。月报还应报告承包人主要职员和监理工程师职员的变动情况，已完成的主要工程分项和细目等。

监理月报的编制周期为上月 26 日到本月 25 日，在下月的 5 日前发出。监理月报应真实反映工程现状和监理工作情况，做到数据准确、重点突出、语言简练，并附必要的图表和照片。

1. 工程概况

工程监理月报的正文前应附有一张工程位置图，图中应清晰地标明工程的具体位置。

工程概况通常是简短叙述合同的内容，第一份监理月报应详细提供以下资料，后期的月报可视情况适当进行增减：

（1）项目名称、贷款号及合同号；地理位置；合同段长度，起、讫桩号；线型及主要设计指标；路线及结构物所在位置的地质情况。

（2）主要结构物的类型及数量；小结构物及道路设施。

（3）合同签订日期；承包人或联营体的名称及项目负责人；合同总造价；合同规定的工期；开工通知书发出日期及开工日期；修订的完工期（以后如有变动，可以修订）。

2. 工程质量

根据合同要求，不符合技术规范规定的工程质量均不得计量和交验。月报表中可就现场各个合同段或各个工程分项的材料、机械、人员配备实际情况结合工程质量的检验、量测结果作综合评价。

3. 工程进度

应提供工程总体进度及每个主要工程分项的实际进度和计划进度。主要分项工程包括路基土石方工程、路面工程、桥梁、隧道、排水、防护工程、交通工程及道路设施等。应按上列顺序详细说明本月份的施工情况，文字力求简要。

（1）总体进度。监理工程师应统计确定总体进度。月报的实际进度与计划进度比较，确定完成计划的百分率，并根据总体进度的实际情况说明影响总体进度的因素以及已采取或将要采取的措施。

（2）主要工程项目的进度。监理工程师根据计量结果，确定主要工程项目的实际进度，然后再与计划进度比较，确定迄今完成的百分率，找出影响工程进度的因素，应说明主要工程项目延误的原因，已采取的措施或将要采取的措施。

（3）其他工作。其他工作应包括规范中一般条目所列的工作、临时工程、计日工等的完成情况及与计划的对比情况，以及料场的建设情况，生产能力、质量及已生产的各类成品数量。

4. 支付情况

本期支付和累计支付的情况，计日工暂定金额、价格调整、费用索赔等。

5. 合同管理情况

反映工程变更、延期和费用索赔，争端与仲裁、违约，分包、转让和指定分包管理情况。

6. 监理工作动态

反映本月重要监理活动。如工地会议、现场重大监理活动等。

7. 小结

概略评述有关承包人履行合同义务的表现、存在的问题、采取的改进措施和今后工作安排的设想等。

8. 附录

工程本月所发生的相关资料：工程形象进度统计表（表 6-4），工作完成情况统计表（表 6-5），工程变更一览表（表 6-6），合同纠纷一览表（表 6-7），监理人员当月考勤、气象情况和材料情况统计资料。

表 6-4 工程形象进度统计表（月报）

第　合同　　　　　　　　　　　　　　　　　　　　　　　　　　　　年　月　日

工程项目		单位	合同数量	核定数量	本月计划	本月完成	本月完成占年度计划（%）	累计完成占核定数量（%）
路基土石方	成品路基	km						
	路基填方	km³						
	路基挖方	km³						
排水和涵洞	渗水沟	延米						
	渗沟	延米						
	边沟	延米						
	排水沟	延米						
	圆管涵	延米/座						
	盖板涵	延米/座						
	通道	延米/座						
路面	垫层	km²						
	底基层	km²						
	基层	km²						
	沥青面层	km²						
	水泥混凝土面层	km²						
桥梁	台背填料	m³						
	基础挖方	m³						
	桩基	延米/根						
	砌体	m³						
	下部结构混凝土	m³						
	上部结构混凝土	m³						
隧道工程	洞口与明洞工程	m						
	洞身开挖	m						
	洞身衬砌	m						
交通安全设施	标志	块						
	标线	m²						
	防撞护栏	m						
	隔离栅	m						

表 6-5　　　　　　　　　　　　　工作完成情况统计表

第　合同　　　　　　　　　　　　　　　　单位：万元　　　　　　　　　年　月　日

清单号	名称	合同金额	核定金额	本月计划	本月完成	本月完成占年度计划（%）	累计完成占核定数量（%）

表 6-6　　　　　　　　　　　　　工程变更一览表（简表）

第　合同　　　　　　　　　　　　　　　　　　　　　　　截至　年　月　日

序号	变更内容	批准文号	性质

表 6-7　　　　　　　　　　　　　合 同 纠 纷 一 览 表

第　合同　　　　　　　　　　　　　　　　　　　　　　　截至　年　月　日

序号	合同纠纷内容	处理结果	备注

6.2.6　工程检查通报

工程检查是监理对工程质量、进度控制和合同管理的重要手段。一般分为阶段性检查（例如月、半年、年终检查）和专项检查（例如对小桥涵、防护工程施工检查等）两种，事后要对检查情况进行通报。通过检查通报使被检查单位更清楚的了解工程目前质量、进度和合同管理情况、存在问题；对被检查单位提出要求。工程检查通报一般要抄送业主（代表）和上级监理机构，使上级管理部门了解工程目前情况和监理工作。

（1）工程进度。主要阐述本月、累计完成工作量和形象进度。

（2）工程质量检查情况。主要阐述各单位工程外业和内业检查情况，质量状况。

（3）安全生产和文明施工情况。

（4）存在问题和对下步工作的要求。

6.2.7　监理通知及回复、往来函件

在工程监理实施过程中，各类监理通知及回复、往来函件的数量很多，都需要存档保存。

6.2.8　监理工作总结

施工阶段监理工作结束后，监理单位应向建设单位提交项目监理工作总结。

监理工作总结的内容包括：工程概况、监理组织机构、监理人员和投入的监理设施、监

理合同履行情况、监理工作成效、施工过程中出现的问题及其处理情况和建议、工程照片等，监理工作总结应由总监理工程师主持编写并审批。

6.3　工程质量控制文件

工程质量控制文件涉及材料、机械、测量、试验、工艺和承包人施工组织管理及其质量保证体系等诸多因素，受合同条件、工期要求、工程设计和施工环境等条件的约束和影响。

6.3.1　工程质量控制的原则

（1）以《公路工程质量检验评定标准》为依据，督促承包人全面实现施工合同约定的质量目标。

（2）对工程项目施工全过程实施质量控制，以质量预控为重点。

（3）对工程项目的人、机、料、法、环等因素进行全面的质量控制，监督承包人的质量管理体系、技术管理体系和质量保证体系落实到位。

（4）严格要求承包人执行有关资料、施工试验制度和设备检验制度。

（5）坚持不合格的建筑材料、构配件和设备不准在工程上使用。

（6）坚持本工序质量不合格或未进行验收不予签认，下一道工序不得施工。

6.3.2　质量控制的基本程序

在开工前，监理工程师应向承包人提出适用对所有工程项目进行质量控制的程序及说明，以供所有监理人员、承包人的自检人员和施工人员共同遵循，使质量控制工作程序化。

1. 开工报告

在各单位工程、分部工程或分项工程开工前，高级驻地监理工程师应要求承包人提交工程开工报告并进行审批。工程开工报告应提出工程实施计划和施工方案；依据技术规范列明本项工程的质量控制指标及检验频率和方法；说明材料、设备、劳力及现场管理人员等项的施工准备情况；提供放样测量、标准试验、施工图等必要的基础资料。

2. 工序自检

监理工程师应要求承包人的自检人员应按照专业监理工程师批准的工艺流程和提出的工序检查程序，在每道工序完工后首先进行自检，自检合格后，申报专业监理工程师进行检查认可。

3. 工序检查认可

专业监理工程师应紧接承包人的自检或与承包人的自检同时对每道工序完工后进行检查验收并签认，对不合格的工序应指示承包人进行缺陷修补或返工。前道工序未经检查认可，后道工序不得进行。

4. 中间交工报告

当工程的单位、分部或分项工程完工后，承包人的自检人员就再进行一次系统的自检，汇总各道工序的检查记录及测量和抽样试验的结果提出交工报告。自检资料不全的交工报告，专业监理工程师应拒绝验收。

5. 中间交工证书

监理工程师收到分项工程中间交工申请后，应检查各道工序的施工自检记录、交接单及监理工程师签认的关键工序的交验单；检查分项工程的质量自检和质量等级评定资料；检查质量保证资料的完整性，必要时应作测量或抽样试验。检查合格后，提请高级驻地监理工程师签发"中间交工证书"（表6-8）。未经中间交工检验或检验不合格的工程，不得进行下项工程项目的施工。

6. 中间计量

对已填发"中间交工证书"的工程，方可进行计量。完工项目的竣工资料不全可暂不计量支付。

表 6-8   中 间 交 工 证 书

承包单位：   合同号：

监理单位：   编　号：

下列工程已完成，申请交验，以便进行下步作业。 工程内容：			
桩号	日期		承包人签字
监理工程师收件日期：			签字：
结论： 		监理工程师： 	日期：
承包人收件日期：			签字：

6.3.3　现场质量控制

1. 测量

测量的监督检查工作应由测量监理工程师专门负责，必须包括以下主要内容：

（1）向承包人以书面形式提供原始基准点、基准线和基准高程，并对承包人的定线控制测量进行监督检查和认可。

（2）在各项工程开工之前，对承包人的施工放线测量进行监督检查和认可。

（3）在各项工程的施工进行中，对控制工程的位置、高程、尺寸及其线形的准确性进行监督、检查和认可。

（4）在各分项工程、分部工程、单位工程、工程段落或总体工程项目的中间交工和竣工验收时进行测量检查，汇总并提出测量成果资料。

2. 监理中心试验室

监理试验室的任务是对各个工程项目的材料、配合比和强度进行有效的控制，以确保工程质量达到技术规范要求。试验的监督检查工作应由试验监理工程师及其领导下的监理中心试验室专门负责，并应按以下要求进行工作：

（1）中心试验室应当是对整个工程项目进行数据控制和检验测定的中心。其试验设备、人员应能满足施工中各项试验的要求。

（2）监理中心试验室应对承包人的工地试验室和流动试验室的设备功能、人员资质、资料管理等项工作进行有效的监督、检查和管理。

（3）监理工程师应定期或不定期的对承包人的试验仪器进行检验，并要求承包人定期到政府质量监督部门对仪器进行标定。

（4）监理中心试验室及承包人工地试验室（流动试验室）的各种试验工作，均应按合同列明的或国家标准、部级行业标准进行；对经监理工程师审查并经业主批准，承包人采用新材料、新技术或新工艺的特殊项目，当合同未曾列明或无现成标准可循时，试验监理工程师应要求承包人提供相关的科技资料及鉴定报告，拟定出符合工程实际的暂行标准或规程，经审查批准后执行。

当监理中心试验室试验结果与承包人的试验结果出现允许误差以外的差异时，一般应以监理中心试验室的试验结果为准。如果承包人拒绝接受监理中心试验室的结果时，试验监理工程师可与承包人一起到具有相应资质的政府质量监督部门的试验室进行校核试验，并应依此作为批准或认定的依据。

3. 试验

（1）验证试验。验证试验是对材料或商品构件进行预先鉴定，以决定是否可以用于工程。验证试验应按以下要求进行：

1）在材料或商品构件订货之前，应要求承包人提供生产厂家的产品合格证书及试验报告。必要时监理人员还应对生产厂家的生产设备、工艺及产品的合格率进行现场调查了解，或由承包人提供样品进行实验，以决定是否同意采购。

2）材料或商品构运入现场后，应按规定的批量和频率进行抽样试验，不合格的材料或商品构件不准用于工程，并应由承包人运出场外。

3）在施工进行中，应随机对用于工程的材料或商品构件进行符合性抽样试验检查。

（2）标准试验。标准试验是对工程的内在质量进行施工前的数据采集，是控制和指导施工的科学依据，它是在工程开工前，为确定工程材料的最佳组合（如含水量、级配、配合比等），建立施工控制和检验标准所进行的试验。应按以下要求进行：

1）在各项工程开工前合同规定或合理的时间内，应由承包人先完成标准试验，并将试验报告提交监理工程师审查批准。现场监理人员应旁站承包人试验的全过程，进行有效的现场监督检查。

2）监理中心试验室应在承包人进行标准试验的同时或以后，平行进行复核（对比）试验。

（3）工艺试验。在路基、路面及其他需要通过预告进行工艺试验方能正式施工的分项工程，应及时安排工艺试验。

1）监理工程师应要求承包人提出工艺试验的施工方案，并予以审查批准。

2）工艺试验的机械组合、人员配备、施工程序、操作和检测方法、频率等应有两组以上方案，以便通过试验作出选定。

3）监理工程师应对承包人的工艺试验进行全过程的旁站，并应作详细记录。

4）试验结束后应由承包人提出试验报告，并经监理工程师审查批准。

（4）抽样试验。抽样试验是对工程施工中的内在质量进行符合性检查。包括土方及路面各结构层密实度、混凝土及沥青混凝土的强度等试验。抽样试验应按以下要求进行：

1）试验监理人员首先对承包人的各种自检试验取样方法、频率和试验过程进行检查。

2）在承包人按技术规范的规定频率进行自检的基础上，监理中心试验室按承包人自检频率的 10％～20％ 进行独立抽样试验，以鉴定承包人的抽样试验结果是否真实可靠。

3）当施工现场的旁站监理人员对施工质量产生疑问并提出要求时，监理中心试验室应随时进行抽样试验，必要时还应要求承包人增加抽样频率。

（5）验收试验。验收试验是对已完工工程的内在品质做出评定，应按以下要求进行：

1）试验监理人员应首先对承包人进行的钻芯抽样试验的频率、方法和试验过程进行有效的监督。

2）监理工程师应对承包人按技术规范要求进行的加载试验，或其他试验项目的试验方案、设备及方法进行审查批准；对试验的实施进行现场检查监督；对试验结果进行评定。

4．现场监理

现场监理是对承包人的各项施工程序、方法、工艺、以及材料、机械、配合比等进行全方位的巡视、全过程的旁站、全环节的检查，以达到对施工质量有效的监督和管理。其主要内容有：

（1）驻地监理工程师应在施工期间每天对施工现场巡视一次，发现并处理施工质量问题。

（2）对隐蔽工程、重要工程部位、重要工序及工艺，应由专业监理工程师或其助理人员实行全过程的旁站监督，及时消除影响工程质量的不利因素。

（3）现场监理人员应对每道工序及时进行检查和认定。

5．工序质量检查程序

各专业监理工程师应在组成工程的各个单位、分部或分项工程开工之前，提出工序检查程序说明，以供现场旁站监理人员、承包人的自检人员及施工人员共同遵循。

（1）应与合同图纸和工程量清单的分项所含内容相一致。

（2）应与技术规范及监理工程师批准采用的施工方法和工艺流程相协调。

（3）应与国家或合同规定的验收标准、检验频率和检验方法相配合。

（4）工序检查程序宜采用框图的形式表示，以便直观，并应与相应的检查记录、报表、证书等相配套。

6.3.4 质量缺陷与事故处理

当发生可由监理机构处理的质量缺陷、质量隐患时，监理工程师应立即向施工单位发出工程暂时停工指令，并要求其立即书面报告质量缺陷、质量隐患的发生时间、部位、原因及已采取的措施和进一步处理方案；监理工程师应对处理方案进行审核后报建设单位批准，对处理方案的实施进行监理并予以验收，处理合格、隐患消除的可发出复工指令。

当发生不属于监理机构处理的质量事故时，监理工程师应要求施工单位按规定速报有关部门。监理机构应和施工等单位一起保护事故现场，抢救人员和财产，防止事故扩大，积极配合调查。对加固、返工或重建的工程，除特殊规定外，应视同正常施工工程进行监理。

总监办应建立专门台账，记录质量事故发生、处理和返工验收的过程和结果。

1. 质量缺陷的现场处理

在各项工程的施工过程中或完工以后，现场监理人员如发现工程项目存在着与技术规范所不容许的质量缺陷，应根据质量缺陷的性质和严重程度，按如下方式处理：

（1）当质量缺陷尚处在萌芽状态时，应及时制止，并要求承包人立即更换不合格的材料、设备或不称职的施工人员；或要求立即改变不正确的施工方法及操作工艺。

（2）当质量缺陷已出现时，应立即向承包人发出暂停施工的指令（先口头后书面），待承包人采取了能足以保证施工质量的有效措施，并对质量缺陷进行了正确的补救处理后，再书面通知恢复施工。

（3）当质量缺陷发生在某道工序或分部工程完工以后，而且质量缺陷的存在将对下道工序或分项工程产生质量影响时，监理工程师应在对质量缺陷产生的原因及责任作出了判定，并确定了补救方案后，再进行质量缺陷的处理。

（4）在交工后的缺陷责任期内发现质量缺陷时，监理工程师应及时指令承包人进行修补、加固或返工处理。

2. 质量缺陷的修补与加固

（1）对因施工原因而产生的质量缺陷的修补与加固，应先由承包人提出修补方案及方法，经监理工程师批准后方可进行；对因设计原因而产生的质量缺陷，应通过业主提出处理方案及方法，由承包人进行修补。

（2）修补措施及方法应不降低质量控制指标和验收标准，并应是技术规范所允许的工程技术方法。

（3）如果已完工工程的缺陷，并不构成对工程安全的危害，并能满足设计和使用要求时，经征得业主的同意，可不进行加固或变更处理。如工程的缺陷属于承包人的责任，应通过与业主和承包人协商，降低对此项工程的支付费用。

3. 质量事故的分类

（1）按事故造成损失严重程度划分。

1）一般质量事故：指经济损失在 5000 元（含 5000 元）以上不满 5 万元的；或影响使用功能或工程结构安全，造成永久质量缺陷的。

2）严重质量事故：指直接经济损失在 50000 元（含 50000 元）以上，不满 10 万元的；或严重影响使用功能或工程结构安全，存在重大质量隐患的；或事故性质恶劣或造成 2 人以下重伤的。

3）重大质量事故：指工程倒塌或报废。或由于质量事故，造成人员死亡或重伤 3 人以上；或直接经济损失 10 万元以上。

4）特别重大事故：凡具备国务院发布的《特别重大事故调查程序暂行规定》（劳动部〔1990〕9 号）所列发生一次死亡 30 人及其以上，或直接经济损失达 500 万元及其以上，或其他性质特别严重的情况之一均属特别重大事故。

（2）按事故责任分类。

1）指导则任事故：指由于在工程实施指导或领导失误而造成的质量事故。例如，由于工程负责人片面追求施工进度，放松或不按质量标准进行控制和检验，降低施工质量标准等。

2）操作责任事故：指在施工过程中，由于实施操作者不按规程和标准实施操作，而造成的质量事故，例如，浇筑混凝土时随意加水，混凝土拌合物产生离析现象仍浇筑入模等。

4. 质量事故的原因

（1）技术原因引发的质量事故：是指在工程项目实施中由于设计、施工在技术上的失误而造成的质量事故。例如，结构设计计算错误，地质情况估计错误，采用了不适宜的施工方法或施工工艺等。

（2）管理原因引发的质量事故：指管理上的不完善或失误引发的质量事故。例如，施工单位或监理单位的质量体系不完善，检验制度不严密；质量控制不严格；质量管理措施落实不力；检测仪器设备管理不善而失准，进料检验不严等原因引起的质量问题。

（3）社会、经济原因引发的质量事故：是指由于经济因素及社会上存在的弊端和不正之风引起建设中的错误行为，而导致出现质量事故。例如，某些施工企业盲目追求利润而不顾工程质量，在投标报价中随意压低标价，中标后则依靠违法的手段或修改方案追加工程款或偷工减料等等，这些因素往往会导致出现重大工程质量事故，必须予以重视。

5. 质量事故的处理程序

施工质量事故处理的一般程序如图 6-1 所示。

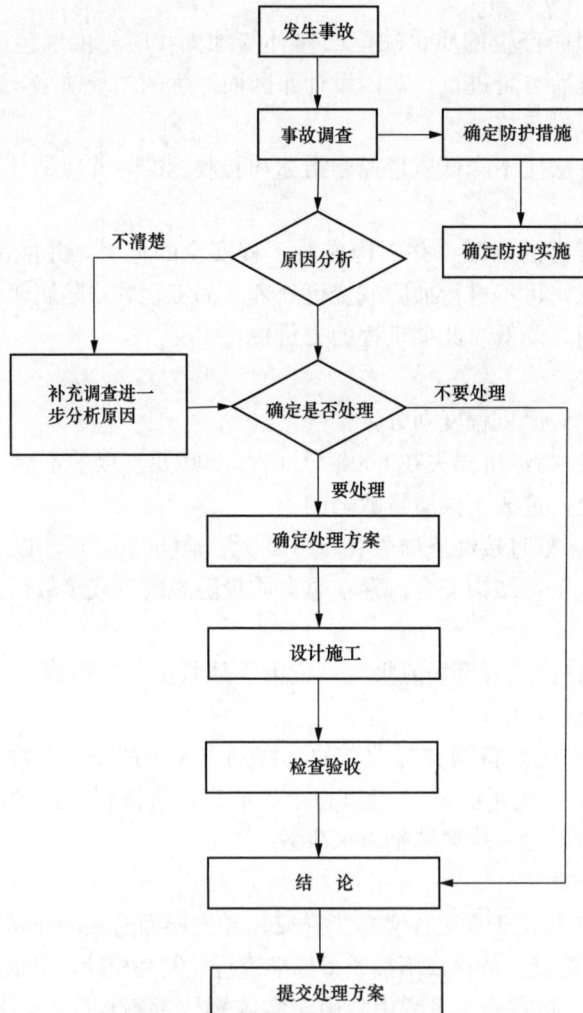

图 6-1　施工质量事故处理的一般程序

（1）事故调查。事故发生后，施工项目负责人应按规定的时间和程序，及时向企业报告事故的状况，积极对事故组织调查，事故调查应力求及时、客观、全面，以便为事故的分析与处理提供正确的依据，调查结果，要整理撰写成事故调查报告，其主要内容包括：工程概况；事故情况，事故发生后所采取的临时防护措施。事故调查中的有关数据、资料，事故原因分析与初步判断，事故处理的建议方案与措施，事故涉及人员与主要责任者的情况等。

（2）事故的原因分析。要建立在事故情况调查的基础上，避免情况不明就主观分析推断事故的原因。特别是对涉及到勘察、设计、施工、材质、使用管理等方面的质量事故，往往事故的原因错综复杂，因此，必须对调查所得到的数据、资料进行仔细的分析，去伪存真，找出造成事故的主要原因。

（3）制定事故处理的方案。事故的处理要建立在原因分析的基础上，并广泛的听取专家及有关方面的意见，经科学论证，决定事故是否进行处理。在制定事故处理方案时，应做到安全可靠，技术可行，不留隐患，经济合理，具有可操作性，满足建筑功能和使用要求。

（4）事故处理。根据制定的质量事故处理的方案，对质量事故进行仔细的处理，处理的内容主要包括：事故的技术处理，以解决施工质量不合格和缺陷问题；事故的责任处罚，根据事故的性质、损失大小、情节轻重对事故的责任单位和责任人做出相应的行政处分直至追究刑事责任。

当某项工程在施工期间（包括缺陷责任期内）出现了技术规范所不允许的断层、裂缝、倾斜、倒塌、沉降、强度不足等情况时，应视为质量事故，可按如下程序处理：

1）监理工程师应立即指令承包人暂停该项工程的施工，并采取有效的安全措施。

2）监理工程师应要求承包人尽快提出质量事故报告，并报告业主。质量事故报告应详实反映该项工程名称、部位、事故原因、应急措施、处理方案以及损失的费用等。

3）监理工程师应组织有关人员在对质量事故现场进行审查、分析、诊断、测试或验算的基础上，对承包人提出的处理方案予以审查、修正、批准，并指令恢复该项工程施工。

4）监理工程师应对承包人提出的有争议的质量事故责任予以判定。判定时应全面审查有关施工记录、设计资料及水文地质状况，必要时还应进行检验测试。在分清技术责任时，应明确事故处理的费用数额，承担比例及支付方式。

工程质量事故处理报告单见表6-9。

表6-9　　　　　　　　　　　　**工程质量事故处理报告单**

承包单位：	合同号：
监理单位：	编　号：

工程名称：	
时间：	
桩号：	
原因：	

续表

性质：	
造成损失：	
应急措施：	
处理意见：	
承包人： 监理工程师：	年　月　日 年　月　日

（5）事故处理的鉴定验收。质量事故的处理是否达到预期的目的，是否依然存在隐患，应当通过检查鉴定和验收做出确认。事故处理的质量检验鉴定，应严格按施工验收规范和相关的质量标准的规定进行，必要时还应通过实际量测、试验和仪器检测等方法获取必要的数据，以便准确地对事故处理的结果做出鉴定。事故处理后，必须尽快提交完整的事故处理报告。其内容包括：事故调查的原始资料、测试的数据，事故原因分析、论证；事故处理的依据；事故处理的方案及技术措施，实施质量处理中有关的数据、记录、资料，检查验收记录，事故处理的结论等。

6. 施工质量事故处理的基本要求

施工质量事故处理的基本要求是：质量事故的处理应达到安全可靠、不留隐患、满足生产和使用要求，施工方便、经济合理的目的。重视消除造成事故的原因：注意综合治理，正确确定处理的范围，正确选择处理的时间和方法，加强事故处理的检查验收工作，认真复查事故的实际情况，确保事故处理期间的安全。

7. 施工质量事故处理的基本方法

（1）修补处理。当工程某些部分的质量虽未达到规定的规范、标准或设计的要求，存在一定的缺陷，但经过修补后可以达到要求的质量标准，又不影响使用功能或外观的要求，可采取修补处理的方法。例如，某些混凝土结构表面出现蜂窝、麻面，经调查分析，该部位经修补处理后，不会影响其使用及外观；对混凝土结构局部出现的损伤，如结构受撞击、局部未振实、冻害、火灾、酸类腐蚀、碱骨料反应等，当这些损伤仅仅在结构的表面或局部，不影响其使用和外观，可进行修补处理。再比如对混凝土结构出现的裂缝，经分析研究后如果不影响结构的安全和使用时，也可采取修补处理。具体方法是当裂缝宽度不大于 0.2mm 时，采用表面密封法；当裂缝宽度大于 0.3mm 时，采用嵌缝密闭法；当裂缝较深时，则应采取灌浆修补的方法。

（2）加固处理。主要是针对危机承载力缺陷质量事故的处理，通过对缺陷的加固处理，使建筑结构恢复或提高承载力，重新满足结构安全性可靠性的要求，使结构能继续使用或改作其他用途。例如，对混凝土结构常用加固的方法主要有增大截面加固法、外包角钢加固法、粘钢加固法、增设支点加固法、增设剪力墙加固法、预应力加固法等。

（3）返工处理。当工程质量缺陷经过修补处理后不能满足规定的质量标准要求，或不具备补救可能性则必须采取返工处理。例如，某防洪堤坝填筑压实后，其压实土的干密度未达到规定值，经核算将影响土体的稳定且不满足抗渗能力的要求，需挖除不合格土，重新填筑，进行返工处理；某公路桥梁工程预应力按规定张拉系数为 1.3，而实际仅为 0.8，属严重的质量缺陷，也无法修补，只能返工处理。再比如某工厂设备基础的混凝土浇筑时掺入木质素磺酸钙减水剂，因施工管理不善，掺量多于规定 7 倍，导致混凝土坍落度大于 180mm，石子下沉，混凝土结构不均匀，浇筑后 5d 仍然不凝固硬化，28d 的混凝土实际强度不到规定强度的 32%，不得不返工重浇。

（4）限制使用。当工程质量缺陷按修补方法处理后无法保证达到规定的使用要求和安全要求，而又无法返工处理的情况下，不得已时可做出诸如结构卸荷或减荷以及限制使用的决定。

（5）不作处理。某些工程质量问题虽然达不到规定的要求或标准，但其情况不严重，对工程或结构的使用及安全影响很小，经过分析、论证、法定检测单位鉴定和设计单位等认可后可不专门作处理。一般可不作专门处理的情况有以下几种：

1）不影响结构安全、生产工艺和使用要求的。例如，有的工业建筑物出现放线定位的偏差，且严重超过规范标准规定，若要纠正会造成重大经济损失，但经过分析、论证其偏差不影响生产工艺和正常使用，在外观上也无明显影响，可不做处理。又如，某些部位的混凝土表面的裂缝，经检查分析，属于表面养护不够的干缩微裂，不影响使用和外观，也可不做处理。

2）后道工序弥补的质量缺陷。例如，混凝土结构表面的轻微麻面，可通过后续的抹灰、刮涂、喷涂等弥补，也可不做处理，再比如，混凝土现浇楼面的平整度偏差达到 10mm，但由于后续垫层和面层的施工可以弥补，所以也可不做处理。

3）法定检测单位鉴定合格的。例如，某检验批混凝土试块强度值不满足规范要求，强度不足，但经法定检测单位对混凝土实体强度进行实际检测后，其实际强度达到规范允许和设计要求值时，可不做处理。对经检测未达到要求值，但相差不多，经分析论证，只要使用前经再次检测达到设计强度，也可不做处理，但应严格控制施工荷载。

4）出现的质量缺陷，经检测鉴定达不到设计要求，但经原设计单位核算，仍能满足结构安全和使用功能的。例如，某一结构构件截面尺寸不足，或材料强度不足。影响结构承载力，但按实际情况进行复核验算后仍能满足设计要求的承载力时，可不进行专门处理。这种做法实际上是挖掘设计潜力或降低设计的安全系数，应谨慎处理。

（6）报废处理。通过分析或实践，采取上述处理方法后仍不能满足规定的要求或标准，则必须予以报废处理。

6.4 工程进度计划管理文件

工程进度计划控制是指在工程项目的实施过程中，工程监理人员依据合同文件所赋予的权力，监督工程项目承包人，在确保工程质量、安全和投资费用的前提下，按照合同规定的工程建设期限，按计划的目标完成工程项目的建设。工程进度计划根据项目实施的不同阶段，划分为总体进度计划和年、月等阶段性进度计划。对于桥梁、隧道、立交等单位工程还应单独编制工程进度计划。

6.4.1 进度监理原则

进度监理应在确保质量和安全的基础上，以计划控制为主线进行。监理工程师应要求施工单位按时提交进度计划，严格进度计划审批，及时收集、整理、分析进度信息，发现问题及时按照合同规定纠正。

6.4.2 进度计划的审查

1. 进度计划的审查步骤

监理工程师应组织有关人员对承包人提交的各项进度计划进行审查，并在合同规定或满足施工需要的合理时间内审查完毕。审查工作应按以下程序进行：

（1）阅读文件、列出问题，进行调查了解。

（2）提出问题与承包人进行讨论或澄清。

（3）对有问题的部分进行分析，向承包人提出修改意见。

（4）审查批准承包人修改后的进度计划。

2. 进度计划审查的内容

（1）工期和时间安排的合理性。

1）施工总工期的安排应符合合同工期。

2）各施工阶段或单位工程（包括分部、分项工程）的施工顺序和时间安排与材料和设备的进场计划相协调。

3）易受冰冻、低温、炎热、雨季等气候影响的工程应安排在适宜的时间，并应采取有效的预防和保护措施。

4）对动员、清场、假日及天气影响的时间，应有充分的考虑并留有余地。

（2）施工准备的可靠性

1）所需主要材料和设备的运送日期已有保证。

2）主要骨干人员及施工队伍的进场日期已经落实。

3）施工测量、材料检查及标准试验的工作已经安排。

4）驻地建设、进场道路及供电、供水等已经解决或已有可靠的解决方案。

（3）计划目标与施工能力的适应性

1）各阶段或单位工程计划完成的工程量及投资额应与承包人的设备和人力实际状况相适应。

2）各项施工方案和施工方法应与承包人的施工经验和技术水平相适应。

3）关键线路上的施工力量安排应与非关键线路上的施工力量安排相适应。

6.4.3 进度计划的检查

工程进度计划的调整有以下几种类型：

1. 每日进度检查记录

专业监理工程师应要求承包人按单位工程、分项工程或工点对实际进度进行记录，并予以检查，以作为掌握工程进度和进行决策的依据。每日进度检查记录应包括以下内容：

（1）当日实际完成及累计完成的工程量。

（2）当日实际参加施工的人力、机械数量及生产效率。

（3）当日施工停滞的人力、机械数量及其原因。

（4）当日承包人的主管及技术人员到达现场的情况。

（5）当日发生的影响工程进度的特殊事件或原因。

（6）当日的天气情况等。

2. 每月工程进度报告

高级驻地监理工程师应要求承包人根据现场提供的每日施工进度记录，及时进行统计和标记，并通过分析和整理，每月向总监理工程师及其代表和业主提交一份每月工程进度报告。应包括以下主要内容：

（1）概括或总说明：应以记事方式对计划进度执行情况提出分析。

（2）工程进度：应显示关键线路上一些施工活动及进展情况。

（3）财务状况：应主要记述影响工程进度或造成延误的因素及解决措施。

（4）其他特殊事项：应主要记述影响工程进度或造成延误的因素及解决措施。

3. 进度控制图表

监理工程师应编制和建立各种用于记录、统计、标记、反映实际工程进度与计划工程进度差距的进度控制图及进度统计表，以便随时对工程进度进行分析和评价，并作为要求承包人加快工程进度、调整进度计划或采取其他合同措施的依据。

6.4.4　进度计划的调整

1. 进度符合计划

在工程实施期间，如果实际进度与计划进度基本相符时，监理工程师不应干预承包人对进度计划的执行，但应及时掌握影响和妨碍工程进展的不利因素，促进工程按计划进行。

2. 进度计划的调整

监理工程师发现工程现场的安排、施工顺序或人力和设备与进度计划上的方案有较大不一致时，应要求承包人对原工程进度计划及现金流动予以调整。调整后的工程进度计划应符合工程现场实际，并应保证满足合同工期的要求。

调整工程进度计划，主要是调整关键线路上的施工安排。对于非关键线路，如果实际进度与计划进度的差距并不对关键线路上的实际进度造成不利影响时，监理工程师可不必要求承包人对整个工程进度计划进行调整。

3. 加快工程进度

在承包人没有取得合理延期的情况下，监理工程师认为实际工程进度过慢，将不能按照进度计划预定的竣工期完成工程时，应要求承包人采取加快的措施，以赶上工程进度计划中的阶段目标或总体目标。承包人提出和采取的加快工程进度的措施必须经过监理工程师批准。批准时应注意以下事项：

（1）只要承包人提出的加快工程进度的措施符合施工程序并能确保工程质量，监理工程师应予以批准。

（2）因采取加快工程进度措施而增加的施工费用应由承包人自负。

（3）因增加夜间施工或法定假日施工而涉及业主的附加监督管理（包括监理）费用，应由承包人负担，费用数额支付方式由业主、监理工程师及承包人协商确定。

4. 进度计划的延期

由于业主监理工程师的原因，或承包人在实施工程中遇到不可预见或不可抗力的因素，因而使工程进度延误并批准延期后，监理工程师应要求承包人对原来的工程进度计划予以调整，并按调整后的进度计划实施工程。

5. 进度计划的延误

由于承包的原因造成工程进度的延误，而且承包人拒绝接受监理工程师加快工程进度的指令，或虽采取了加快工程进度的措施，但仍然不能赶上预期的工程进度并将使工程在合同工期内难以完成时，监理工程师应对承包人的施工能力重新进行审查和评价，并应发出书面警告，还应向业主提出书面报告，必要时建议对工程的一部分实行强制分割或考虑更换承包人。

6.4.5 工程暂时停工、工程复工

监理工程师签发的工程暂时停工令，应明确工程暂时停工范围、期限及工程暂时停工期间施工单位应做的工作，并报建设单位。

施工单位原因引起的工程暂时停工需复工时，监理工程师应要求施工单位提出复工申请并签发复工指令。

非施工单位原因引起的工程暂时停工，在暂时停工原因消失后具备复工条件时，监理工程师应及时签发复工指令。

6.5 工程合同管理文件

合同管理是指监理工程师代表业主对业主与承包人所签施工承包合同的执行进行动态管理，涉及工程变更、工程延期、费用索赔、争端与仲裁、违约、工程分包等。

6.5.1 工程变更

1. 受理程序

监理工程师根据有关规定决定对工程进行变更时，须经业主同意，业主认为需要变更后，向承包人发出变更意向通知，主要内容有：

（1）变更的工程项目、部位或合同某文件内容。

（2）变更的原因、依据及有关的文件、图纸、资料。

（3）工程变更对质量、进度、费用、施工环境等相关方面的影响估价。

（4）资料搜集、勘察现场。监理工程师根据工程变更通知或申请，应搜集相关的合同文件、水文地质、地形、施工记录及有关的法规规定等资料，并对施工现场进行调查或补充勘察，确定工程数量。

（5）协商价格并进行费用评估。监理工程师应与承包人和业主就工程变更费用评估及确定支付单价进行协商，对协商一致的单价可确定为工程支付单价，并确定变更费用。在意见难以统一时，监理工程师应确定最终的价格。同时编制工程变更审批表，见表6-10。

表6-10　　　　　　　　　　　　　　工 程 变 更 审 批 表

承包单位：　　　　　　　　　　　　　　　　　　　　　　　　　合同号：

监理单位：　　　　　　　　　　　　　　　　　　　　　　　　　编　号：

编号			合同号			日期	
桩号			工程名称				
变更原因							
变更内容							
处理意见	承包单位						
	驻地监理工程师						
	总监代表处						
	设计单位						
	业主代表处						
	业主						
承包单位负责人 （签字）		驻地监理工程师 （签字）	总监代表处 （签字）	设计单位 （签字）	业主代表处 （签字）		业主 （签字）

（6）签发"工程变更令"。变更资料齐全、变更费用确定之后，监理工程师应根据合同规定，签发"工程变更令"，见表6-11。

表6-11　　　　　　　　　　　　　　工 程 变 更 令

承包单位：　　　　　　　　　　　　　　　　　　　　　　　　　合同号：

监理单位：　　　　　　　　　　　　　　　　　　　　　　　　　编　号：

变更原因及详细说明：			
变更项目	单价/元	估计变更数量	估计变更金额/元
监理工程师（签字）			年　月　日

2. **基本要求**

在工程实施过程中，由于工程项目自身的性质和特点，或由于设计图纸的深度不够，或不可预见的自然因素与环境情况的变化，或第三方的干预和要求，或合同双方当事人处于对工程进展有利着想等，都会引起工程变更。既包括工程进展中形式的、数量的或质量的变更，又包括合同多方面的变更。

任何工程的形式、质量、数量和内容上的变动，必须由监理工程师签发工程变更令，并由监理工程师监督承包人实施；监理工程师认为有必要根据合同有关规定变更工程时，应经业主同意；承包人要求工程变更时，应提交变更申报单，报监理工程师审核，必要时报业主同意后，根据合同有关规定办理，按施工合同要求须由业主批准的隐蔽工程的变更，还应会同业主、设计单位、承包人现场共同确认；业主要求工程变更时，监理工程师应根据合同有关规定办理。监理工程师应就颁布工程变更而引起的费用增减按合同约定计算，合同未约定的应与业主和承包人进行协商，确定变更费用。

6.5.2　工程延期

公路工程建设项目规模大，涉及面广，受自然和人为条件影响多，工程建设过程中不可避免的会出现各种制约因素，阻碍工程顺利实施，致使工程总体工期延期。

1. 工程延期的主要类型

（1）额外的或附加的工作。

（2）异常恶劣气候条件。

（3）由业主造成的延误、妨碍、阻止。

（4）非承包人的过失和违约或由其负责的其他特殊情况。

（5）合同中所规定的任何延误原因。

2. 基本要求

监理工程师在确认以下条件满足后，受理工程延期：

（1）由于非承包人的责任，工程不能按原定工期开工。

（2）延期情况发生后，承包人在合同规定期限内向监理工程师提交工程延期意向。

（3）承包人承诺继续按合同规定向监理工程师提交有关延期的详细资料，并根据监理工程师需求随时提供有关证明。

（4）延期事件终止后，承包人在合同决定的期限内，向监理工程师提交正式的延期申请报告。

3. 临时延期

如果影响延期的事件有连续性，监理工程师可在收到并确认承包人提交的临时报告后，先给予临时延期。在收到并确认承包人正式延期申请后，再给予该事件的最终延期。但最终延期时间不准少于累计的临时延期时间。

4. 受理程序

（1）搜集资料、做好记录。监理工程师应在收到承包人延期意向后，做好工地实际情况的调查和日常记录，搜集来自现场以外的各种文件资料与信息。

（2）审查承包人的延期申请。监理工程师收到承包人正式的延期申请后，应主要从以下方面进行审查：

1）延期申请的格式（即索赔申请单，见表6-12）是否满足监理工程师的要求。

2）申请延期的合同依据是否准确。

3）申请延期的理由是否正确与充分。

4）申请延期天数的计算原则与方法应恰当。

监理工程师应根据现场记录的有关资料，对承包人延期申请提出审查意见，并与业主和承包人进行协商。

（3）审查报告。

1）正文：受理承包人延期申请的工作日期；工程简介；确认的延期理由及合同依据；经调查、讨论、协商、确认的延期测算方法及由此确认的延期天数、结论等。

2）附件：承包人的延期申请及有关的文件、资料、证明等。

（4）批准延期。监理工程师应在确认其结论之后，签发"索赔时间/金额审批表"，见表6-13。

表 6-12　　　　　　　　　索 赔 申 请 单

承包单位：　　　　　　　　　　　　　　　　　　合同号：
监理单位：　　　　　　　　　　　　　　　　　　编　号：

索赔项目：	
申请依据：	
证明文件：	
索赔金额和工期：	
承包人递交日期：　　年　月　日	监理工程师意见： 签字：　　　　　　　年　月　日
	业主意见： 签字：
签字：	签字：　　　　　　　年　月　日

表 6-13　　　　　　　　　索赔时间/金额审批表

承包单位：　　　　　　　　　　　　　　　　　　合同号：
监理单位：　　　　　　　　　　　　　　　　　　编　号：

索赔项目：	
上报日期：　年　月　日	收受日期：　年　月　日
申报延期天数：	申请索赔金额：　　万元人民币
批准延期天数：	批准索赔金额：　　万元人民币

索赔金额和延期累计：

截至日前索赔累计　　　　　　此项索赔　　　　　　所有索赔累计

金额　天数 万，　天	＋	金额　天数 万，　天	＝	金额　天数 万，　天

监理工程师：

业主：

附件：
(1) 工程进度网络计划图、关键线路图、延期天数计算书。
(2) 工程量清单（相应单价部分）、索赔金额计算书。
(3) 相关证明文件。

6.5.3　费用索赔

施工承包合同的双方均享有合同赋予的权利和履行合同规定的责任和义务。当发生合同规定的意外情况，或当事人一方违约对另一方造成损失，或增加合同中规定的额外工作时，给予费用和时间的赔偿是正常的、合理的。

1. 费用索赔的主要类型

(1) 难以预见的情况所引起的。

1) 异常恶劣的气候条件。

2) 外界障碍（化石、古物、地下建筑等）。

3) 战争入侵、叛乱、暴乱。

4) 通常无法预测和防范的任何一种自然力。

(2) 业主责任引起的。

1) 未按合同规定和承包人合理的工程进度计划，提供对现场的占有权利和出入权。

2) 未按规定向承包人付款。

3) 延误提供图纸。

4) 提前占用或使用永久性工程区段而造成损失或损害。

5) 因工程设计不当而造成的损失或损害。

6) 违约使合同中途终止。

(3) 监理工程师的责任引起的。

1) 延误签发图纸、指令。

2) 负责提供的书面数据不准确。

3) 要求进行合同中未规定的检验。

2. 基本要求

(1) 承包人必须依据合同有关规定索取额外的费用。

(2) 承包人在出现引起索赔的事件后，在合同规定期限内向监理工程师提交工程索赔意向，并同时抄送业主。

(3) 承包人承诺继续按合同规定向监理工程师提交有关索赔数额和索赔依据的详细材料，并根据监理工程师需求随时提供有关证明。

(4) 承包人在索赔事件终止后，承包人在合同决定的期限内，向监理工程师提交正式的索赔申请报告。

3. 受理程序

(1) 搜集资料、做好记录。监理工程师应在收到承包人索赔意向后，立即通知有关的监理人员，做好工地实际情况的调查和日常记录，搜集来自现场以外的各种文件资料与信息。

(2) 审查承包人的索赔申请。监理工程师收到承包人正式索赔申请（表5-12）后，应主要从以下方面进行审查：

1) 索赔申请的格式是否满足监理工程师的要求。

2) 索赔申请的内容是否符合要求，即已列明索赔发生的原因及申请所依据的合同条款；附有索赔数额计算的方法和索赔涉及的有关证明。

审查通过后，可进行下一步的评估。

(3) 索赔评估。

1) 承包人提交的索赔申请资料必须真实、齐全，满足评审的需要。

2) 申请索赔的合同依据必须正确。

3）申请索赔的理由必须正确、充分。

4）申请索赔数额的计算方法正确；数量应与监理工程师掌握的资料一致，价格能被业主接受；否则应修订承包人的计算方法与索赔数额，并与业主和承包人进行协商。

（4）审查报告。

1）正文：受理承包人索赔申请的工作日期；确认的索赔理由及合同依据；经过调查、讨论、协商，确定的测算方法及由此确定的索赔数额。

2）附件：承包人的索赔申请，包括涉及的有关资料、证明等。

（5）确定索赔。监理工程师应在确认其结论之后，签发"索赔时间/金额审批表"（表 5-13），并通过中期支付证书予以支付。

6.5.4　争端与仲裁

1. 争端

主要是指业主和承包人之间由于或起因于合同或工程施工而产生的任何争端。争端的主要程序如下：

（1）监理工程师应在收到争端通知后，按合同规定的期限，完成对争端事件的全面调查与取证。同时对争端所涉及的问题做出决定，并将决定书面通知业主和承包人。

（2）监理工程师发出书面通知后，如果业主或承包人未在合同规定的期限内要求仲裁，其决定为最终决定。

（3）合同只要未被放弃或终止，监理工程师应要求承包人继续精心施工。

2. 仲裁

当业主和承包人之间的争端无法达成共识时，需进行仲裁。仲裁的主要程序如下：

（1）当合同一方提出仲裁要求时，监理工程师应在合同规定的期限内，对争议设法进行友好调解，同时督促业主和承包人继续遵守合同，执行监理工程师的决定。

（2）在合同规定的仲裁机构进行仲裁调查时，监理工程师应以公正的态度提出证据和作证。

（3）监理工程师应在仲裁后执行裁决。

6.5.5　违约

1. 业主的违约

（1）违约的确认。当业主有下列事实时，监理工程师应确认业主违约：

1）宣告破产，或作为一个公司宣告停业清理，但清理不是为了改组或合并。

2）由于不可预见的理由，而不可能继续履行其合同义务。

3）没有在合同规定的时间内根据监理工程师的支付证书向承包人付款，或干涉、阻挠、拒绝支付证书签发。

（2）违约的处理。

1）业主违约时，承包人应向监理工程师提出部分或全部中止合同的通知。监理工程师收到通知后，应尽快深入调查，搜集掌握有关情况，澄清事实。

2）监理工程师应根据合同文件的有关规定，办理部分或全部中止合同的支付。

2. 承包人的违约

（1）违约的确认。

1）当承包人有下列事实，监理工程师应确认承包人一般违约：给公共利益带来伤害、妨碍和不良影响；未严格遵守和执行国家及有关部门的政策与法规；由于承包人的责任，使业主的利益受到损害；不严格执行监理工程师的指示；未按合同规定照管好工程。

2）当承包人有下列事实，监理工程师应确认承包人严重违约：无力偿还债务或陷入破产，或主要财产被接管，或主要资产被抵押，或停业整顿等，因而放弃合同；无正当理由不开工或拖延工期；无视监理工程师的警告，一贯公然忽视履行合同规定的责任与义务；未经监理工程师同意，随意分包工程，或将整个工程分包出去。

（2）违约的处理。

1）承包人一般违约时，监理工程师应书面通知承包人在尽可能短的时间内予以弥补与纠正，提醒承包人一般违约有可能导致严重违约；上述措施无效时，书面通知业主；确定因承包人违约对业主造成的费用影响，办理扣除相应费用的证明；

2）因承包人严重违约，业主部分或全部中止合同，监理工程师应指示承包人将其为履行合同而签订的任何协议的利益（如材料和货物的供应服务等）转让给业主；认真调查并充分考虑业主因此受到的直接和间接的费用影响后，办理并签发部分或全部中止合同的支付证明。

6.5.6 分包、转让或指定分包

1. 分包

（1）基本要求。

1）监理工程师应严禁承包人把大部分工程分包出去或层层分包。

2）工程分包由承包人提出申请（表6-14），监理工程师遵照合同规定进行审查，并按规定办理分包工程手续，承包人才能将部分工程分包出去。

表 6-14 分 包 申 请 报 告 单

承包单位： 合同号：
监理单位： 编　号：

分包理由						
						承包人：
分包单位名称：						负责人：
项目号	分包工程名称	单位	数量	单价	分包金额	占合同总金额的比例（%）
		合计				
分包工程开工日期						
分包工程竣工日期						
附件：分包人资质、经验、能力和工程质量、信誉情况、财务和设备状况，主要人员经历等资料						
驻地监理工程师意见						
总监理工程师意见						

3）监理工程师对分包的批准不解除承包人根据合同规定所应承担的任何责任和义务。

（2）审批分包。监理工程师应从以下主要方面审查承包人分包工程的申请报告。

1）分包人的资格情况及证明，包括企业概况，财务状况，参加分包人员的资历，施工机械状况等。

2）分包工程项目及内容。

3）分包工程数量及金额。

4）分包工程项目所使用的技术规范与验收标准。

5）分包工程的工期。

6）承包人与分包人的合同责任。

7）分包协议。

（3）对分包工程的管理。监理工程师应通过承包人对分包工程进行管理。监理工程师也可以直接对分包工程进行检查，若发现问题，应要求承包人进行处理。

2. 转让

只有业主同意时，承包人才能进行合同转让。

3. 指定分包

指业主或监理工程师指定或选择的分包工程。要求如下：

（1）监理工程师宜设专人对指定分包工程进行管理。

（2）监理工程师应要求指定分包人提交一份证明其资格情况的资料，并要求指定分包人保护和保障承包人免于承担由于指定分包人的疏忽、违约造成的一切损失。

（3）监理工程师应明确指定分包工程所使用的技术规范与验收标准。

（4）监理工程师应审查承包人反对指定分包人的理由，确认反对合理时，建议业主对承包人的反对予以考虑，反之则应帮助业主说服承包人接受指定分包人。

6.5.7　工程保险

工程保险是通过专门机构（保险公司），以收取保险费的方式建立保险，它是防范风险的重要手段之一。监理工程师应按照合同规定监督业主、承包人保险办理情况，避免双方承受不必要的经济损失。

1. 检查风险

监理工程师应根据合同有关规定，从以下方面对承包人的保险进行检查。

（1）保险的种类，一般分为工程和装备的保险，人员伤亡或伤残事故的保险，第三方的保险。

（2）保险的数额，应与实际价值相符。

（3）保险的有效期，应不少于合同工期或修订的合同工期。

（4）保险单及保险费收据，确认承包人已在合同规定的时间内提交给业主，并保留一份复印件备查。

2. 落实风险

当监理工程师确认承包人未在合同规定的时间内，按合同规定的内容，向业主提交合格的保险单时，应采取以下措施：

（1）指示承包人尽快补办或补充办理保险。

（2）承包人拒绝办理时，通知并建议业主补办或补充办理保险。

（3）保险最终由业主补办或补充办理的，监理工程师应签发扣除承包人相应费用的证明。

（4）如果业主也未补办，监理工程师应书面通知承包人和业主由此带来的伤害，并督促其尽快办理保险。

6.6 计量支付文件

工程计量支付是工程项目施工、竣工至缺陷责任期终止过程中控制工程费用的措施之一，也是控制工程质量和进度，加强工程管理的主要调控手段。其目标是以国家法律、法规、技术规范和工程合同为依据，以经济为纽带，加强工程管理，公正地维护业主和承包人合法权益，保证实现工程项目预期的质量、费用和工期要求，取得良好的经济效益。

6.6.1 工程计量

工程计量是监理工程师根据合同规定，按照技术规范所规定的方法对承包人符合要求的已完工程的实际数量、工作内容及进场材料等所进行的测量、计算和核查。

1. 工程计量的目的

（1）获得已完合格工程的准确工程量和费用支付依据。

（2）及时掌握承包人工程动态，以调控工程进度。

（3）以工程计量、支付手段控制工程质量，增强质量控制的有效性。

2. 工程计量的条件

承包人已完工程满足合同文件规定要求是工程计量的条件；

（1）工程范围符合工程量清单中规定或经批准的工程变更。

（2）工程量达到合同规定的计量单位或数量。

（3）工程质量符合合同规定或监理工程师指令要求。

（4）按规定程序和内容向监理工程师提交中间交工证书及供其审查需要的试验数据、自检资料、施工记录、计量方法和附图等资料。

3. 工程计量依据

（1）工程量清单及说明。

（2）合同图纸。

（3）工程变更令及修订的工程量清单。

（4）合同条件。

（5）技术规范及监理工程师的有关指令。

（6）有关计量的补充协议。

（7）中间交工证书。

（8）索赔申请审批决定。

4. 工程计量原则

（1）不符合合同文件要求的工程，不得计量。

（2）按合同文件所规定的方法、范围、内容、单位、程序计量。

（3）按监理工程师同意的方法计量。

（4）已完工程必须实地量测、计算。

5. 工程计量方法

（1）工程计量方法在合同文件中"技术规范""计量与支付"中有详细规定，且计量范围、工程内容、计量单位和支付细目相对应。监理工程师根据合同的上述规定对承包人完成的实际工程量进行量测和计算，除合同另有规定外，工程计量以净值为准。

（2）工程计量无论是工程师或承包人分别独自计量或者两者联合计量，监理工程师均具有确认权。

（3）工程计量必须全面理解合同文件规定，防止多计、重计、错计。

（4）工程计量复核，通过不同环节，采取多种方式对计量进行复核是保证工程计量质量的重要措施。

6. 工程计量程序

（1）承包人提交计量申请或监理工程师发出计量通知，承包人计量申请包括：监理工程师签发的中间交工证书，申请计量工程部位的图纸、质量自检记录和有关资料，工程变更令。

（2）现场监理人员按合同规定对申请计量的工程核实承包人计量资料和记录，实际测量计算工程量，以监理人员和承包人共同参与计量为宜。

（3）填写中间计量表，连同承包人计量申请资料，报送驻地监理工程师确认；当承包人资料不全或计量不合理，难以计量时，可暂不计量；承包人在合同规定时间内，对计量结果提出申辩，应会同承包人复查，或予确认，或予修改。

（4）驻地监理工程师审查，内容如下：

1）计量的工程质量达到合同要求，质量试验、检测方法、频率、数据和成果均符合规范规定。

2）计量方法符合合同规定，成果正确，应附的图纸、计算等资料齐全。

3）现场监理与承包人对计量无争议，经办人签认手续完备。

4）对有争议的计量，亲自参加复查计量。

（5）总监理工程师办公室对工程计量审定。

1）视工程难易情况按一定比例抽查计量成果及其计算依据，对抽查项目应同时检查工程质量及其试验、检测数据，实际测量、计算已完工程数量，对隐蔽工程，必要进应采取挖验或钻探等措施验证。

2）对于已完工程质量、范围、内容、计量方法符合合同要求的项目予以签认，质量不合格者不予计量，计量错误或不符规定者应予纠正。

3）复查驻地监理工程师与承包人关于工程计量的争议，实际核查工程质量及其检测数据，测量工程量并做出审查决定。

4）批准合格计量项目，据以办理费用支付。

6.6.2　工程支付

工程支付是指监理工程师按合同规定对承包人的应付款项进行确认并办理付款手续的过程。

1. 工程支付的目的

（1）按工程合同的约定，业主根据工程进度分期付给承包人应得的已完合格工程价款，使其收回施工中已垫付的资金，便利资金周转，完成施工进度计划，实现业主预期的工程目标。

（2）以费用支付协调业主和承包人共同按照工程合同的约定履行义务，完成工程建设预期目标，实现各自经济利益。

2. 工程支付的依据

工程合同规定的各方权利和义务、工程质量标准、工作范围、内容、程序、时限、工程计量等是工程支付的基本依据。主要有：

（1）监理工程师签认的工程计量。

（2）技术规范明确规定计量支付工程（或工作）范围、内容、质量标准、计量单位和方法。

（3）合同确定的工程量清单所列项目的支付单价（包括补遗书、招标澄清时补充说明）。

（4）合同或监理工程师根据合同规定的支付时限。

（5）合同或监理工程师根据合同规定的支付程序。

3. 工程支付的条件

具备如下条件，监理工程师应签发支付证书报业主审批：

（1）前期支付

1）开工预付款。承包人与业主签订了合同协议书并提交了履约担保，并提供了业主认可银行提供的预付款保函；开工预付款款额、提供担保银行和担保有效期符合合同要求（一般在专用合同条件中规定）。

除另有规定外，监理工程师应在承包人提交开工预付款担保14d内签发支付证书。

2）保险。除另有规定外，承包人于开工后56d内向业主提交保险证明，同时向监理工程师提交副本，承包人各项保险证明符合合同规定的保险范围，保险范围应包括：从现场开工至本合同工程完工颁发交工证书为止，业主和承包人遭受的并由担保协议所规定的损失或损害，但不包括由于缺陷责任期前的原因而发生在缺陷责任期内的损失和损害以及缺陷责任期内完成未完工程和修复缺陷发生的损失和损害。

保险额应符合合同规定，当工程性质、规模或计划发生变更时，如需对各项保险作出任何变更时，承包人应先与监理工程师协商并取得业主批准；投保需在合同规定保险期内方有效。

（2）中期支付。除另有规定，监理工程师应于接到承包人月支付申请后21d内签发中期支付证书。

1）工程款。工程已完成，"中间计量表"审查无误；本期完成工程应得工程款扣除各项预付款、保留金后不低于合同规定中期支付证书的最低金额。

2）暂定金。暂定金使用范围符合合同规定，用于：实施本合同工程中的尚未最后确定的具体细节或可能增加的工程细目；或为专项工程施工中供货、供材料或设备而指定分包人或供货人提供专任服务；或留作不可预见费或用于计日工。

使用暂定金的每项决定，均取得了业主批准；除合同文件列明的单价或总额外，承包人提交根据监理工程师审查同意的施工组织计划所需的工费、材料、机械设备费及计算说明。必要时，应出示有关暂定金支出的所有报价单、发票、凭证和收据。

使用暂定金支付的工程、供应或不可预见费的质量、数量、内容符合合同要求。

3）材料、设备预付款。材料、设备将用于本合同永久性工程；承包人已出具材料、设备费用凭证或支付单据；材料、设备已在现场交货，存贮良好，符合规定要求，并经监理工程师认可；根据合同规定，按此项金额一定比例支付的累计金额不应超过合同剩余工作量，累计材料、设备数量不应超过工程实际需要总量，品种、规格应与工程进度相符合。

4）工程变更。监理工程师签发的工程变更令及修改的工程量清单；工程已完成，"中间计量表"审查无误。

5）索赔。按合同规定的时限和内容向监理工程师提交索赔意向书及索赔事件当时记录及索赔证明；监理工程师对承包人提供索赔的证据和详细账目审查核实，经与承包人协商，并经业主同意。

6）价格调整。如合同规定价格调整，应按合同规定办法或公式执行，如合同对调整办法或公式未做规定，监理工程师应与业主、承包人协商确定具体调价方法。

7）迟付款利息。业主、承包人共同确认迟付款日期，承包人结账单中附有业主的书面证明；合同规定未付款额的利率，当合同规定对未付款付息，而未规定利率时，应由业主和承包人协商确定利率，并书面通知监理工程师；除另有规定，迟付款不计复利。

8）对指定分包人支付。由承包人与指定分包人签订指定分包协议的工程，监理工程师通过承包人向指定分包人支付；承包人出示指定分包人的工程中间计量表或得到的承包人付款证明；承包人无正当理由拒绝向指定分包人付款时，监理工程师可直接向指定分包人支付；承包人与指定分包人未签订指定分包协议，监理工程师应直接向指定分包人支付。

9）合同终止后的支付。分为三种情况。

第一类是特殊风险导致合同终止的支付。

经调查协商，业主、承包人共同书面确认；合同终止之日前，承包人已按合同完成的工程的全部费用，以及业主已支付给承包人的细目、款额；承包人依照合同合理订购的材料、设备及货物的费用；承包人为本工程实施，雇用的所有从事工程施工人员因合同终止的合理遣返费；承包人机械设备撤离费。

未包括在其他各项支付中的承包人为完成整个工程而合理发生的费用（包括工程量清单中100章驻地建设等总额支付款的应付款中已经工作或服务的全部或部分款项）。

承包人应偿还业主的有关设备、材料和工程预付款余额，以及合同终止之日，按合同规定业主应向承包人收回的任何其他款项。

第二类是承包人违约导致的合同终止：

业主进驻现场和终止本合同后，监理工程师通过调查和协商确认；合同终止时，承包人根据合同实际完成的工程已经合理地得到或理应得到的款额；未使用或部分用过的材料、承包人装备和临时工程价值；由终止本合同至缺陷责任期止，为继续完成本工程引起业主所有费用的增加和承包人拖期违约补偿金；监理工程师对于合同终止前承包人应得实际完成工程款，未使用材料、装备和临时工程（价值）款扣除应扣款后的差额，签发支付证书。

第三类是为业主违约导致的合同终止：

经监理工程师调查、澄清，同业主与承包人协商确认：与特殊风险原因导致终止合同相同全部款项内容；因业主违约合同终止引起的或涉及的对承包人损失或损害的款额。

10）工程交工支付。审查合同规定日期完成的全部工程最终价值无误；业主应支付的任何追加款审核无误。

（3）最终支付。除另有规定外，监理工程师在收到承包人最后结账单和结账书14d之后，经审查无误签发最后支付证书。

最后支付应具备条件是：

1）有关工程和合同方面的遗留事宜处理完毕，主要有：完成遗留工程和缺陷修复，达到合同要求，签发了该工程的支付证书；承包人已获得全部工程的"工程缺陷责任期终止证书"、解除承包人履约担保责任及退回或解除承包人剩余保留金或银行保函的证明；符合合同规定的索赔、价格调整等事宜清理、审定完毕，并签发了有关支付证明；经检查复核，工程施工中各阶段的工程支付细目无重复、漏项，工程数量与费用计算无误，有争议的项目与计算方法已与业主、承包人协商解决。

2）承包人提交的最后结账单已经审查批准。

3）收到承包人抄送给监理工程师书面结账单。

4．工程支付的程序

除专用条件另有规定，工程支付应按如下程序进行：

（1）承包人按合同规定或监理工程师根据合同制订的支付表格、内容、时限、程序等规定向监理工程师提交各种工程结账单（或支付申请），并附相应报表。

（2）驻地监理工程师及其助手，根据岗位分工职责，核查承包人提交的工程结账单，核查无误或修改签认后，报总监理工程师办公室（如有此分级管理形式）审查，审查无误或修改，在合同规定的时间，完成全部审核，并经总监理工程师签认，报业主审批，抄送承包人。

5．工程支付的方法

（1）审核承包人工程支付申请的条件，承包人工程支付申请条件必须全面符合工程计量依据所述的各种申请的相应要求，手续完备、资料齐全，表式符合监理工程师要求。

（2）结合监理记录和文件，审查承包人工程支付申请所附资料、数据的正确性，提供证明的有效性，逐项核算和分析支付项目的支付金额。

（3）对所附资料不全，手续不完备，证明失效等支付申请应要求承包人补充，错误应核实修正。对有争议的支付可暂缓支付或者根据合同确定暂付款。

（4）核定工程的应得金额后，应按合同规定增加或减少工程变更、价格调整、迟付利息、索赔、资金等费用，扣回开工预付款、材料预付款，扣回保留金，按余额（如为中期支付，应不低于合同规定的支付最低金额）签发工程支付证书。

（5）本期可调整或纠正上期工程支付的差错。

（6）索赔处理。

6．工程支付工作的注意事项

工程费用是关系到按合同规定承包人获得合理工程费用，业主合理支付工程资金，得到预期的工程质量、进度和双方经济利益的重要环节。对工程费用的支付管理，监理工程师应细致、勤勉、谨慎、公正，并在工作中注意如下事项：

（1）全面、系统、正确掌握合同规定的支付范围、条件、方式、时限等要求，防止重计或多计或超规定时限支付违约或超前支付等造成的业主经济损失。

（2）支付依据正确和有效。各支付依据资料齐全，计算方法正确，单据、保险、保函等证明文件出具单位资质和时间有效，避免因资料等支付依据不准确或证明失效或无效导致的风险。

（3）严格岗位责任，加强工程支付的计算复核，每项支付均应实行计算、复核双人制，驻地工程师审核、总监理工程师审定制度，和定期（如每季、年或每分部工程结束）阶段性全面复核制度。

（4）监督承包人按合同规定使用预付款。承包人不得将预付款用于与本工程无关的支出，如经查实承包人滥用预付款，应通知业主收回。

（5）保证按规定时限要求审查和签发承包人工程支付申请的同时，按规定比例和时间办理扣回开工预付款、材料设备预付款，保留金和其他合同规定的费用。

（6）不以任何理由或方式办理代扣、代罚、代交、代付等没有合同规定依据的费用支付，也不应执行这类任何指示和规定。

6.6.3 相关表格

工程计量与支付相关表格见表6-15～表6-23。

表6-15

工 程 进 度 表

项目名称：　　　　　　　　　　承包单位：　　　　　　　　　合同号：
截止日期：　　　　　　　　　　监理单位：　　　　　　　　　编　号：

业主： 由　　至　　全长　km	开工令日期： 合同期限： 合同完成时间： 时间延长： 修改合同完成日期：	合同总价： 暂定金额： 工程量清单金额： 工程变更： 估计最终金额：

清单号	名称	合同金额/元	单价占合同价（％）	单项完成（％）	完成占合同价（％）	按月计划与实际完成（％）		
							年	年
						1 2 3 4 5 6 7 8 9 10 11 12 …		100％
								80％
								60％
								40％
								20％
								0％
						1 2 3 4 5 6 7 8 9 10 11 12 …		
	总计							
监理工程师收到日期	实际进度	累计（％）						
		月计（％）						
	计划进度	累计（％）						
		月计（％）						

承包人：　　　　　　　　　　　　　　　　　　　　　　　　监理工程师：

表 6-16　　　　　　　　　　　中 期 支 付 证 书

项目名称：　　　　　　　　　　　　　承包单位：　　　　　　　　　　　合同号：

截止日期：　　　　　　　　　　　　　监理单位：　　　　　　　　　　　编　　号：

清单号	项目内容	合同价及变更金额			到本期完成			到上期末完成			本期完成		
		原有总金额	变更总金额	变更后总金额	金额/元	人民币部分	外汇（人民币计）	金额/元	人民币部分	外汇（人民币计）	金额/元	人民币部分	外汇（人民币计）
100													
200													
300													
400													
500													
700													
暂定金额													
小计													
价格调整													
索赔金额													
违约罚金													
迟付款利息													
合计													
动员预付款													
扣回动员预付款													
材料设备预付款													
扣回材料设备预付款													
保留金													
支付													

承包人：　　　　　　　　　　　　　　　　　　　　　　　　　　　　　监理工程师：

表 6-17　　　　　　　　　　　清 单 支 付 报 表

项目名称：　　　　　　　　　　　　　承包单位：　　　　　　　　　　　合同号：

截止日期：　　　　　　　　　　　　　监理单位：　　　　　　　　　　　编　　号：

项目编号	项目名称	单位	合同数量			到本期末完成		到上期末完成		本期完成	
			原合同数量	单价	变更后数量	数量	金额/元	数量	金额/元	数量	金额/元

承包人：　　　　　　　　　　　　　　　　　　　　　　　　　　　　　监理工程师：

表 6-18 计 日 工 支 付 报 表

项目名称：　　　　　　　　　　　　承包单位：　　　　　　　　　　　合同号：
截止日期：　　　　　　　　　　　　监理单位：　　　　　　　　　　　编　号：

清单号	位置	工程项目	计日工类别和名称	单位	单价/元	计日工数量		到本期末完成		到上期末完成		本期完成		批准文号
						到本期末完成	其中本期	数量	金额/元	数量	金额/元	数量	金额/元	

承包人：　　　　　　　　　　　　　　　　　　　　　　　　　　　　　监理工程师：

表 6-19 工程变更表（详表）

项目名称：　　　　　　　　　　　　承包单位：　　　　　　　　　　　合同号：
截止日期：　　　　　　　　　　　　监理单位：　　　　　　　　　　　编　号：

清单号	变更内容	单位	合同数量/元	单价/元	工程量增减（＋－）		工程量增减金额（元）（＋－）						批准文号
							到本期末完成（＋－）		到上期末完成（＋－）		本期完成		
					到本期末完成	其中本期	数量	金额/元	数量	金额/元	数量	金额/元	

承包人：　　　　　　　　　　　　　　　　　　　　　　　　　　　　　监理工程师：

表 6-20 扣回材料设备预付款一览表

项目名称：　　　　　　　　　　　　承包单位：　　　　　　　　　　　合同号：
截止日期：　　　　　　　　　　　　监理单位：　　　　　　　　　　　编　号：

月份	累计垫付金额		本期垫付金额		本期末回扣金额		上期末回扣金额		本期回扣金额	
	金额（人民币/元）	人民币部分 外汇（人民币/元）	金额（人民币/元）	人民币部分 外汇（人民币/元）	金额（人民币/元）	人民币部分 外汇（人民币/元）	金额（人民币/元）	人民币部分 外汇（人民币/元）	金额（人民币/元）	人民币部分 外汇（人民币/元）

承包人：　　　　　　　　　　　　　　　　　　　　　　　　　　　　　监理工程师：

公路工程资料管理

表 6-21   扣回动员预付款一览表

项目名称：   承包单位：   合同号：
截止日期：   监理单位：   编　号：

A：合同总价（人民币/元）：	
B：合同总价（人民币/元）：	
C：到本月末表"合计"栏累计完成金额（人民币/元）	
D：C>B的时间：	
E：合同期限（月）：	
F：已付动员预付款（人民币/元）：	
G：月扣除动员付款：	

扣除动员付款：	总计金额（人民币/元）	人民币　%（人民币/元）	外汇　%（人民币/元）
到上月末完成			
本月完成			
到本月末完成			

承包人：   监理工程师：

表 6-22   中 间 计 量 表

承包单位：   合同号：
监理单位：   编　号：

支付项目编号		项目名称	
起始桩号		部位	
图号		中间交工证书	
计算草图几何尺寸：			
计算式：			
计量单位		工程数量	

承包人：   监理工程师：

表 6-23   中 间 计 量 汇 总 表

承包单位：   合同号：
监理单位：   编　号：

项目编号	项目名称	凭证号	单位	数量	单价	金额

承包人：   监理工程师：

116

本 章 小 结

本章主要介绍了监理资料的基本内容，监理文件由监理单位负责编制，并负责监督、检查项目建设中文件收集、积累的完整与准确情况。在工程项目的监理工作中，会产生大量的信息文件，主要涉及监理工作的依据文件和监理工作中形成的文件两个方面。

1. 监理管理文件

监理单位应建立文件资料管理制度，根据项目管理要求将文件与资料分类管理，特别是需要归档的文件从工作开始就需要系统、完整地收集、整理。监理的质量、安全、环保、费用、进度、合同的管理以及工程各方的往来函件及重要工程活动全部要通过监理文件与资料系统、完整地反映，监理机构应建立完善的资料管理制度，建立各种台账，并运用计算机管理软件，设专人负责文件资料管理工作。

2. 工程质量控制文件

工程质量控制文件涉及材料、机械、测量、试验、工艺和承包人施工组织管理及其质量保证体系等诸多因素，受合同条件、工期要求、工程设计和施工环境等条件的约束和影响。

3. 工程进度计划管理文件

工程进度计划根据项目实施的不同阶段，划分为总体进度计划和年、月等阶段性进度计划。对于桥梁、隧道、立交等单位工程还应单独编制工程进度计划。

4. 合同管理文件

合同管理是指监理工程师代表业主对业主与承包人所签施工承包合同的执行进行动态管理，涉及工程变更、工程延期、费用索赔、争端与仲裁、违约、工程分包等。

5. 计量支付文件

工程计量支付是工程项目施工、竣工至缺陷责任期终止过程中控制工程费用的措施之一，也是控制工程质量和进度，加强工程管理的主要调控手段。

复 习 思 考 题

1. 叙述监理资料的基本内容。
2. 什么是监理管理文件？它由哪几部分组成？
3. 叙述质量控制的基本程序。
4. 工程进度计划可划分成哪些类别？
5. 什么是合同管理？它涉及哪些内容？
6. 叙述工程计量支付的定义与目标。
7. 叙述监理工作总结的内容。

第7章

公路工程验收程序资料

知识目标

1. 掌握交工验收的程序资料；
2. 掌握竣工验收的程序资料；
3. 会编写公路工程验收的各类报告。

7.1 交工验收程序资料

公路工程交工验收阶段的资料编制由多方参与完成，参与各方主要有项目法人方、施工方、监理方、设计方、检测方等，其程序主要有：合同段交工验收申请报告，合同段工程质量自检报告，合同段施工总结报告，合同段施工单位竣工文件目录，合同段交工验收申请监理工程师审查意见，合同段工程质量评定报告，合同段监理工作报告，合同段监理单位竣工文件目录，合同段交工验收检测申请，合同段交工验收检测意见，工程质量检测报告，合同段交工验收证书，设计、监理、施工单位初步评价表汇总，建设项目交工验收工程质量评定，项目交工验收报告，单项验收。相应的程序资料示例如下。

1. ××公路××合同段交工验收申请报告

××公司××公路项目经理部

［文号］

关于××合同段交工验收的申请

××公路建设管理处：

我单位建设的××公路××合同段所有工程项目于××年××月全部完成，并且按照《公路工程质量检验评定标准》及相关规定的要求对工程质量自检合格，竣工文件已编制完成，具备交工验收的条件，现提出申请进行交工验收。

1. 交工验收申请范围
2. 自检评定结果
3. 工程量清单（××合同段费用汇总表、工程量及费用明细表、单位工程投资额一览表）
4. 尾留工程计划

附件：1. ××合同段工程质量自检报告
      2. ××合同段施工总结报告

××公司××公路项目经理部（盖章）

项目经理：（签字）

××年××月××日

---

2. ××公路××合同段工程质量自检报告

××公路××合同段

交工验收工程质量自检报告

1. 工程概述
2. 单位分部工程划分
3. 评定过程及依据
4. 自检结论

××公司××公路项目经理部（盖章）

××年××月××日

---

3. ××公路××合同段施工总结报告

××合同段施工总结报告

1. 工程概述
2. 机构组成
3. 质量管理情况
4. 施工进度控制
5. 施工安全与文明施工情况
6. 环境保护与节约用地措施
7. 施工中新技术、新材料、新工艺的应用情况
8. 对建设单位、设计单位和监理单位的评价
9. 施工体会

---

4. ××公路××合同段施工单位竣工文件目录

××公路科技档案分类目录

工程项目名称：　　　　　　　　　　　　　　　　　　　　　　　　　文件材料编制单位：

序号	档号	柜号	卷号	册号	分册号	案卷题名	编制时间	卷内份数	卷内页数	保管期限	密级	备注
1												
2												
...												

5. ××公路××合同段交工验收申请监理工程师审查意见

关于××合同段交工验收申请的审查意见

××公路建设管理处：
　　我单位负责监理的××公路××合同段所有工程项目于××年××月全部完成，施工单位于××年××月××日提交××合同段交工验收申请报告。经审查××合同段具备交工验收条件，工程质量评定合格，同意进行交工验收。

1. 交工验收申请范围
2. 评定结果
3. 工程量及费用明细表
4. 存在问题及处理意见

附件：1. ××合同段工程质量评定报告
　　　2. ××合同段监理工作报告

监理工程师：（签字、盖章）

××年××月××日

119

6.××公路××合同段工程质量评定报告

××合同段工程质量评定报告

1. 工程概述

2. 评定结果

3. 存在问题及处理意见

附件：1.××合同段工程质量检验评定表

2. 单位、分部、分项工程质量检验评定表

7.××公路××合同段监理工作报告

××合同段监理工作报告

××公路××合同段驻地办于××年××月进驻工地，至××年××月××日工程完工，历时××个月。在管理处正确领导下，我驻地办圆满完成了监理任务。现将监理工作总结如下：

1. 监理工作概况

2. 工作质量管理

3. 计量支付、工程进度和合同管理情况

4. 设计变更情况

5. 交工验收中存在问题及处理情况（该部分内容在竣工验收前进行补充）

6. 对设计、施工、建设单位的评价

7. 监理体会

××公路××合同段驻地办

××年××月××日

8.××公路××合同段监理单位竣工文件目录

××公路科技档案分类目录

工程项目名称：　　　　　　　　　　　　　　　　　　　　　　　文件材料编制单位：

序号	档号	柜号	案卷题名	编制时间	卷内份数	卷内页数	保管期限	密级	备注
1									
2									
...									

9.××公路××合同段交工验收检测申请

公路工程质量鉴定申请

工程项目名称	××至××公路
合同段	××合同段
申请鉴定内容： 　　检测段落为：×××××××××……，以上工程均已完成，并通过监理认可，达到交工验收的要求，现申请对以上工程质量进行鉴定。 （附：监理工程质量评定资料）	
申请鉴定的时间	××年××月
施工单位意见： 　　工程完成，请求鉴定 （盖章） 项目经理：（签字）××年××月××日	
监理单位意见： 　　工程评定合格，可以进行质量鉴定 （盖章） 总监理工程师：（签字）××年××月××日	
项目法人意见： 　　同意进行质量鉴定 （盖章） 项目法人代表：（签字）××年××月××日	

10. ××公路××合同段交工验收检测意见

××公路××合同段质量检测意见

1. 合同段概况

2. 抽查项目、检测方法、检测频率及部位

3. 检测结果分析

4. 检测意见

附：检测数据汇总表

××省（市）质量监督站

××年××月

附：检测数据汇总表

抽查项目		实测点数	合格点数	合格率	备注
单位工程	项目				

11. ××公路××公路工程质量检测报告

××公路工程质量检测报告

1. 项目概况

2. 检测组织情况

3. 抽查项目、检测及检测频率

4. 检测结果分析

5. 工程质量存在的主要问题（存在的主要问题，建议）

6. 结论性意见

附：检测数据汇总表（同上）

××省（市）质量监督站

××年××月

12. ××公路××合同段交工验收证书

公路工程（合同段）交工验收证书

交工验收时间：   合同段交工验收证书第1号

工程名称：	合同段名称及编号：
项目法人：	设计单位：
施工单位：	监理单位：

本合同段主要工程量：				
本合同段价款	原合同	万元	实际	万元
本合同段工期	原合同	个月	实际	个月

对工程质量、合同执行情况的评价、遗留问题、缺陷的处理意见及有关决定：

（施工单位的意见）

施工单位法人代表或授权人（签字）　　单位盖章
××年××月××日

（合同段监理单位对有关问题的意见）

合同段监理单位法人代表或授权人（签字）　　单位盖章
××年××月××日

（设计单位的意见）

设计单位法人代表或授权人（签字）　　单位盖章
××年××月××日

（项目法人的意见）

项目法人代表或授权人（签字）　　单位盖章
××年××月××日

注：表中内容较多时，可用附件。

13. 设计、监理、施工单位初步评价表汇总

参加交工验收参建单位初步评价的每位人员均填写工作评价表（在竣工验收时详列），这里只列出表（也可作为工作用表），原表只作为资料保存，得分则作为竣工验收时评价。

设计工作综合评价汇总表

合同编号：

参加评价人员		综合评价项目得分			备注
		设计方案	设计文件	设计服务	
项目法人	处长				
	副处长				
	总工				
施工单位	项目经理				
	项目总工				
监理单位	总监				
	高级驻地				
合计					

编制：　　　　　　　复核：　　　　　　　　　　年　月　日

监理工作综合评价汇总表

合同编号：

参加评价人员		综合评价项目得分						备注
		人员机构	质量控制	进度控制	投资控制	监理资料	廉政建设	
项目法人	处长							
	副处长							
	总工							
施工单位	项目经理							
	项目总工							
合计								

编制：　　　　　　　复核：　　　　　　　　　　年　月　日

施工管理综合评价汇总表

合同编号：

参加评价人员		综合评价项目得分						备注
		工程进度	发行合同	竣工文件	安全生产	文明施工	廉政建设	
项目法人	处长							
	副处长							
	总工							
监理单位	总监							
	高级驻地							
合计								

编制：　　　　　　　复核：　　　　　　　　　　年　月　日

14. 建设项目交工验收工程质量评定

建设项目交工验收工程质量评定

项目名称：

合同段	工程质量评分	投资额（万元）	评分×投资额	备注

15. ××公路项目交工验收报告

公路工程项目交工验收报告

一	工程名称	
二	工程地点及主要控制点	
三	建设依据	
四	技术标准与主要指标	
五	建设规模及性质	
六	开工日期	年　　　　月　　　　日
	交工日期	年　　　　月　　　　日
七	批准概算	
八	工程建设主要内容	
九	实际征用土地数（亩）	
十	建设项目工程质量交工验收结论	
十一	存在问题处理措施	
十二	附件	1. 各合同段工程质量评分一览表 2. 各合同段交工验收证书

附件 1：

交工验收各合同段工程质量评分一览表

项目名称：

合同段	实得分	备注

附件 2：合同段交工验收证书（略）

16. 单项验收

（1）房建工程验收申请

××公路建设管理处文件	
××路发（××年）××号	签发人：

关于××公路沿线房建工程验收的请示

××省（市）质监站：
　　××公路是……。省计委以××计交能［××年］××号文批复了工程可行性研究报告。该项目于××年××月××日开工，××年××月××日建成，路线全长××km，工程批准概算××元。全线共设管理处××处，收费站××处等××处房建工程，我处对该项目工作非常重视，成立了专门部门，并聘请专业监理进行管理工作。现××处房建工程按照设计要求已经完成，具备验收条件。
　　特申请贵站于××年××月××日至××月××日组织××公路沿线房建工程验收。
　　妥否，请批示。

××年××月××日

主题词：×× 房建　验收　请示

抄送：

××公路建设管理处	××年××月××日印发

共印××份

（2）机电工程验收申请

××公路建设管理处文件	
××路发（××年）××号	签发人：

关于××公路机电工程验收的请示

××省（市）质监站：
　　××公路是……。省计委以××计交能［××年］××号文批复了工程可行性研究报告。该项目于××年××月××日开工，××年××月××日建成，路线全长××km，工程批准概算××元。全线机电工程包含收费系统、监控系统、通信系统和收费棚、亭等项目。收费系统包括……；监控系统包括……；通信系统包括……；全线××处收费棚亭。
　　我处对该项目工作非常重视，成立了专门部门，严格管理，精心施工，合同约定的项目已经完成，具备验收条件。
　　特申请贵站于××年××月××日至××月××日组织××公路机电工程验收。
　　妥否，请批示。

××年××月××日

主题词：×× 机电　验收　请示

抄送：

××公路建设管理处	××年××月××日印发

共印××份

（3）环保验收申请

××公路建设管理处文件	
××路发（××年）××号	签发人：

关于××公路环保验收申请的报告

××省环境保护局：
　　××公路是……。省计委以××计交能［××年］××号文批复了工程可行性研究报告。该项目于××年××月××日开工，××年××月××日建成，路线全长××km，工程批准概算××元。在项目建设期间，严格按照水土保持方案施工，认真落实了各项环保措施，高标准地建成了生态绿化工程，现已具备环保验收条件。
　　特此申请，请批复。

××年××月××日

主题词：×× 环保　验收　报告

抄送：省交通运输厅、省公路局、省交通运输厅质监站

××公路建设管理处	××年××月××日印发
	共印××份

（4）档案验收申请

××公路建设管理处文件	
××路发（××年）××号	签发人：

关于××公路档案单项验收的请示

××省档案局：
　　××公路是……。省计委以××计交能［××年］××号文批复了工程可行性研究报告。该项目于××年××月××日开工，××年××月××日建成，路线全长××km，工程批准概算××元。
　　我处对该项目档案工作非常重视，成立了专门部门，配备了专、兼职档案员，并聘请专家进行档案资料整理工作。……。交工验收后，针对交工验收提出的建议进行整改，并邀请省档案局有关同志于××年××月××日至××日进行了预验收，按照预验收提出的意见再次进行了完善，具备验收条件。
　　特申请省档案局于××年××月××日至××日组织档案单项验收。
　　妥否，请批示。

××年××月××日

主题词：×× 档案　验收　请示

抄送：

××公路建设管理处	××年××月××日印发
	共印××份

7.2　竣工验收程序资料

　　公路工程竣工验收阶段的资料编制由多方参与完成，参与各方主要有项目法人方、施工方、监理方、设计方、检测方等，其程序主要有：项目执行报告，设计工作报告，质量监督报告，工程竣工验收鉴定检测申请，工程质量鉴定报告，竣工验收申请，竣工验收申请的批文，竣工验收委员会工程质量评分及汇总表，竣工验收工程质量评分，各参建单位综合评价，建设项目综合评价，工程竣工验收鉴定书，各参建单位工作综合评价等级证书样表。相应的程序资料示例如下。

1. ××公路项目执行报告

××公路建设项目执行报告

1. 工程概况
(1) 项目建设的意义
(2) 项目建设依据
(3) 建设标准和工期、规模
(4) 项目建设环境（施工环境、交通保障、地质条件、质量管理风险、工程概算、施工场地、建筑材料等）
(5) 主要工程数量（略）
(6) 工程参建单位（略）
2. 建设管理情况
(1) 前期工作情况
1) 项目设计单位招标情况
2) 施工单位招标情况
3) 监理单位招标情况
(2) 征地拆迁情况
(3) 项目管理情况
1) 项目管理机构设置情况
2) 质量控制措施及评定结果
3) 进度管理措施及各年度任务完成情况
4) 工程投资控制情况
5) 其他管理情况
3. 交工验收及相关情况
(1) 各合同段交工验收情况及主要存在问题
(2) 缺陷责任期出现的质量问题及处理结果
(3) 出现重大安全事故情况
(4) 试营运期的养管情况
4. 科研和新技术应用情况
5. 对各参与单位的总体评价
(1) 对设计单位的总体评价
(2) 对施工单位的总体评价
(3) 对监理单位的总体评价
6. 对工程质量的总体评价
7. 项目管理的体会
8. 存在问题

2. ××公路设计工作报告

××公路设计工作报告

1. 工程概况
(1) 任务来源及依据
(2) 沿线自然地理概况
(3) 主要技术指标的运用情况
2. 设计要点
(1) 路线设计
(2) 路基路面及防护工程设计
(3) 桥梁、涵洞、通道设计
(4) 交通工程及沿线设施设计
3. 施工期间设计服务情况
4. 设计变更情况
(1) 重大设计变更理由
(2) 设计中存在问题的变更
(3) 设计变更一览表

序号	设计变更号	设计变更内容	原设计		变更设计			
			工程量	造价	工程量	增（＋）减（一）	造价	增（＋）减（一）
1								
2								
...								

××公路设计工作报告

5. 设计体会

××公路勘察设计研究院
××年××月××日

3. ××公路质量监督报告

××公路工程项目质量监督报告

1. 质量监督概况
2. 建设程序的监督情况
3. 试验室的认证情况
4. 监理人员的检查情况
5. 施工过程中的质量监督
(1) 检查项目及结果
(2) 存在问题的处理结果
(3) 对各合同段工程质量的意见
6. 交工验收前的工程质量检测意见
7. 竣工验收前的工程质量鉴定意见
8. 对设计单位、施工单位、监理单位的评价
9. 建设单位管理情况的评价
10. 监督工作体会

4. ××公路工程竣工验收鉴定检测申请

××公路建设管理处文件

××路发（××年）××号　　　　　　　　　　　　　　　　签发人：

关于××公路竣工验收鉴定检测的请示

××省（市）质监站：
　　××公路是……。该项目于××年××月××日开工，××年××月××日建成，并完成交工验收进入试运营，至××年××月××日试运营将满 2 年。试运营期间，对于交工验收时提出的问题均已处理完成，并验收合格。为了保证竣工验收的及时进行，特申请贵站于××年××月至××月组织竣工验收鉴定检测。
　　妥否，请批示。

附：交验收遗留问题处理验收资料

　　　　　　　　　　　　　　　　　　　　　　　　　　　　××年××月××日

主题词：××　鉴定　验收　请示

抄送：

××公路建设管理处　　　　　　　　　　　　　　××年××月××日印发

　　　　　　　　　　　　　　　　　　　　　　　共印××份

5.××公路工程质量鉴定报告

××公路工程质量鉴定报告

1.项目基本情况
（1）项目概况
（2）项目组织
2.鉴定工作依据及内容
（1）鉴定工作依据
（2）鉴定工作内容
3.复测指标，外观质量检查、内业资料审查结果
（1）指标复测结果及分析
1）复测指标结果对照表

序号	实测指标	检测里测	设计值	交工验收		竣工验收	
				结果	合格率	结果	合格率
1							
2							
…							

2）复测指标结果分析
（2）外观质量检查情况
1）外观质量检查评价表

序号	检查指标	合同段	外观描述	存在问题
1	路基工程	…		
		…		
2	…	…		
		…		

2）外观质量检查情况
（3）内业资料审查情况
4.工程交工验收时存在主要质量问题及处理情况
（1）交工验收时存在的主要问题
（2）处理情况
5.试运营期间出现的主要问题及处理情况
6.鉴定评分及质量等级结论
（1）单位工程质量评定（表略）
（2）合同段工程质量评定（表略）
（3）建设项目工程质量评定（表略）
7.主要问题及建议
（1）主要问题
（2）建议

附：1.××公路交工验收工程质量检测报告（略）
　　2.竣工验收工程质量鉴定各合同段、单位、分部工程质量检验评定表（略）
　　3.竣工验收指标复测数据汇总表（略）

××省（市）质量监督站
××年××月

6.××公路竣工验收申请

××公路建设管理处文件	
××路发（××年）××号	签发人：

关于××公路竣工验收的申请

××省交通运输厅：

  ××公路是……。该项目于××年××月××日开工，××年××月××日建成，并完成交工验收进入试运营，至××年××月××日试运营将满2年。试运营期间，对于交工验收时提出的问题均已处理完成，并验收合格。××年××月至××月××市质监站完成竣工验收鉴定检测，工程质量检测鉴定合格，并形成工程质量鉴定报告。已具备竣工验收条件，特申请安排组织××公路竣工验收。

  附：1. 交工验收报告及附件
    2. 交工验收遗留问题、质量缺陷、运营期间出现的质量问题处理情况报告
    3. 各参建单位工作报告
    4. 质量监督报告和工程质量鉴定报告
    5. 工程项目建设程序的有关批复文件
    6. 单项或单独验收项目的验收报告（意见）
    7. 竣工决算的审计报告及交通主管部门或其授权单位认定意见
  妥否，请批示。

××年××月××日

主题词：×× 竣工 验收 申请

抄送：

××公路建设管理处	××年××月××日印发
	共印××份

7.××公路竣工验收申请的批文

××省交通运输厅文件
××交发［××年］××号

关于"××公路竣工验收的申请"的批复

××公路建设管理处：

  ××年××月××日，由你处报来的"××公路竣工验收的申请"［××路发（××年）××号］文收悉，通过组织有关单位进行审查后，认为符合竣工验收条件，现决定于××年××月××日至××日进行××公路竣工验收。望你处尽快做好竣工验收的各项准备工作。

  特此。

（章）
××年××月××日

主题词：竣工 验收 申请

抄送：省公路局，厅质监站

××省交通运输厅办公室	××年××月××日印发
	共印××份

8. ××公路竣工验收委员会工程质量评分及汇总表

竣工验收委员会工程质量评分表

项目名称：××公路

序号	项目	评定内容	分值	实得分
一	主体工程质量	路基边线直顺度、路基沉陷、亏坡、松石、涵洞及排水系统完善状况，支挡工程外观和稳定情况； 路面平整度、裂缝、脱皮、石子外露、沉陷、车辙、桥头（台背）跳车现象，泛油、碾压痕迹等； 桥面平整度、栏杆扶手、灯柱、伸缩缝、混凝土外观状况； 隧道渗漏、松石、排水、通风、照明以及衬砌外观状况； 交通安全设施与交叉工程的外观及使用效果等	70	
二	沿线服务设施	房屋及机电系统等功能和外观；其他设施，如加油站、食宿服务等设施的使用效果及外观	10	
三	环境保护工程	化工程、隔声消声屏等是否符合设计要求，施工现场清理及还耕情况，与自然环境、景观的协调情况	10	
四	竣工图表	内容齐全、书写打印清晰、装订整齐，符合相关要求	10	
合计			100	

填表人：

竣工验收委员会工程质量评分汇总表

项目名称：××公路

序号	委员姓名	工程质量评分	备注
1	委员1		
2	委员2		
…	…		
平均值			

计算：　　　　　　　　　　　复核：　　　　　　　　　××年××月××日

9. ××公路竣工验收工程质量评分

竣工验收工程质量评分表

项目名称：××公路

名称	实得分数	权值	加权得分	备注
交工验收工程质量				
质量监督机构工程质量鉴定				
竣工验收委员会工程质量				
合计				
加权平均分			质量等级	

计算：　　　　　　　　　　　复核：　　　　　　　　　××年××月××日

10. 各参建单位综合评价

建设管理综合评价汇总表

委员名单	综合评价项目得分								备注
	基本建设程序	执行法规	履行合同	工程进度	投资控制	安全生产	廉政建设	工程质量	
委员1									
委员2									
...									
合计									

编制：　　　　　　　　　　复核：　　　　　　　　　××年××月××日

公路工程建设管理综合评价表

项目名称：××公路　　　　　　　　　　项目法人：××建设管理处

序号	项目	评定方法	应得分	实得分
一	基本建设程序		10	
二	执行法规		10	
三	履行合同		10	
四	工程进度		10	
五	投资控制		10	
六	安全生产		10	
七	廉政建设		10	
八	工程质量		30	
合计			100	
审定意见				

竣工验收设计工作综合评价汇总表

合同段	综合评价项目得分				备注
	设计方案	设计文件	设计服务	工程质量	
N1					
N2					
...					
合计					

编制：　　　　　　　　　　复核：　　　　　　　　　××年××月××日

设计工作综合评价表

工程名称：　　　　　　　　　　　　　　　　　　设计单位：

序号	项目	评定方法	应得分	实得分
一	设计方案		20	
二	设计文件		30	
三	设计服务		20	
四	工程质量		30	
合计			100	
审定意见				

公路工程资料管理

竣工验收监理工作综合评价汇总表

监理段编号：

合同段	综合评价项目得分								备注
	人员机构	质量控制	进度控制	投资控制	监理资料	廉政建设	交工质量	竣工质量	
N1									
N2									
...									
合计									

编制：　　　　　　　　　　　复核：　　　　　　　××年××月××日

公路工程监理工作综合评价表

工程名称：××公路

监理段编号：　　　　　　　　　　　　　　　　　　　　监理单位：

序号	项目	评定方法	应得分	实得分
一	人员机构	监理人员未按要求持证上岗扣1～5分； 监理人员未按合同进场扣1～5分； 监理人员被清退每人次扣2分； 内部管理制度不健全、工作责任不明确，或落实不到位扣3～5分； 试验仪器、交通工具、办公设备未按合同要求配备扣1～3分	10	
二	质量控制	独立抽检频率不到10％扣5～10分；不到20％扣1～5分；工地检查、重要工序旁站不足扣2～5分；资料签认不规范扣1～3分	10	
三	进度控制	拖延工期每月扣1分	5	
四	投资控制	根据计量支付工作情况酌情扣分	5	
五	监理资料	不符合竣工验收要求时扣1～5分	5	
六	廉政建设	措施不健全扣1分，因不廉政被清退或处分每人次扣2分，有被起诉的，每人次扣5分	5	
七	工程质量	以下两项得分之和作为该监理合同段工程质量评分： （1）所监理的各施工合同段交工验收工程质量得分的平均值乘以30％； （2）竣工验收工程质量得分乘以30％	60	
		合计	100	
审定意见				

公路工程施工管理综合评价表

工程名称：××公路

合同段编号：　　　　　　　　　　　　　　　　　　　　施工单位：

序号	项目	评定方法	应得分	实得分
一	工期进度	每拖延一个月扣2分； 生产组织不均衡扣1分	10	
二	履行合同	项目经理、总工程师每更换1人次或1人次不称职扣2分，专业工程师每更换1人次扣1分，主要机械不足或性能不良扣1分，进场不及时或未经许可撤离，扣0.5分，试验室达不到要求扣2～5分，有拖欠分包人工程款和劳务人员工资的扣2～5分	10	

序号	项目	评定方法	应得分	实得分
三	竣工文件	竣工图与竣工工程不符每处扣 1 分，施工原始记录、自检资料不齐全扣扣 2~4 分，资料的真实可信度有问题扣 2~4 分	5	
四	安全生产	每发生一起重大安全事故扣 5 分，每发生一起一般安全事故扣 2 分	5	
五	文明施工	规章制度不健全扣 1~2 分，文明工地建设差扣 2~3 分；破坏环境和乱占土地的，扣 3~5 分	5	
六	廉政建设	措施不健全扣 1 分，因不廉政被清退或处分每人次扣 2 分，有被起诉的，每人次扣 5 分	5	
七	工程质量	以下两项得分之和作为该合同段工程质量评分： (1) 该合同段交工验收工程质量得分的平均值乘以 30%； (2) 竣工验收工程质量得分乘以 30%	60	
合计			100	
审定意见				

11. 建设项目综合评价

竣工验收建设项目综合评定表

项目名称：××公路

名称	实得分数	权值	加权得分	备注
竣工验收工程质量				
项目建设管理综合评价				
项目设计工作综合评价				
项目监理工作综合评价				
项目施工管理综合评价				
合计				
加权平均分		建设项目综合评价等级		

计算：　　　　　　　　　　复核：　　　　　　　　　　××年××月××日

竣工验收项目监理工作综合评价汇总表

项目名称：××公路

序号	监理段编号	综合评价得分	备注
1			
2			
...			
平均值			

计算：　　　　　　　　　　复核：　　　　　　　　　　××年××月××日

公路工程资料管理

竣工验收项目施工管理综合评价汇总表

项目名称：××公路

序号	合同段编号	综合评价得分	备注
1			
2			
…			
平均值			

计算：　　　　　　　　　复核：　　　　　　　　　××年××月××日

12. ××公路工程竣工验收鉴定书

公路工程竣工验收鉴定书

一	工程名称	××公路
二	工程地点及主要控制点	
三	建设依据	
四	技术标准与主要指标	
五	建设规模及性质	
六	开工日期	年　　　月　　　日
	竣工日期	年　　　月　　　日
七	批准概算	
	竣工决算	
八	工程建设主要内容	
九	主要材料实际消耗	
十	实际征用土地数（km²）	
十一	建设项目工程质量鉴定结论	
十二	对建设、设计、施工、监理单位的综合评价	
十三	建设项目管理综合评价及等级	
十四	有关问题的决定和建议	

附表：1. 竣工验收委员会名单；
　　　2. 工程交接单位代表签名表。

13. 各参建单位工作综合评价等级证书样表

××公路项目参建单位工作综合评价等级证书

工程名称：××公路
单位名称：××公路建设管理处（项目法人）
承担工程的内容：
竣工验收结论：
项目质量监督机构或授权人（签字）　　　　　　　　　　盖章（项目质量监督机构） 　　　　　　　　　　　　　　　　　　　　　　　　　　　××年××月××日

××公路项目参建单位工作综合评价等级证书

工程名称：××公路	
单位名称：××公路勘察设计院（设计单位）	
承担工程的内容：	
竣工验收结论：	
项目质量监督机构或授权人（签字） ××年××月××日	盖章（项目质量监督机构）

××公路项目参建单位工作综合评价等级证书

工程名称：××公路	
单位名称：××监理建设有限公司（监理单位）	
承担工程的内容：	
竣工验收结论：	
项目质量监督机构或授权人（签字） ××年××月××日	盖章（项目质量监督机构）

××公路项目参建单位工作综合评价等级证书

工程名称：××公路	
单位名称：××路桥公司（施工单位）	
承担工程的内容：	
竣工验收结论：	
项目质量监督机构或授权人（签字） ××年××月××日	盖章（项目质量监督机构）

本 章 小 结

本章主要介绍了公路工程验收的程序，并提供了各类验收表格。

（1）交工验收程序有合同段交工验收申请报告，合同段工程质量自检报告，合同段施工总结报告，合同段施工单位竣工文件目录，合同段交工验收申请监理工程师审查意见，合同段工程质量评定报告，合同段监理工作报告，合同段监理单位竣工文件目录，合同段交工验收检测申请，合同段交工验收检测意见，工程质量检测报告，合同段交工验收证书，设计、监理、施工单位初步评价表汇总，建设项目交工验收工程质量评定，项目交工验收报告，单项验收。

（2）竣工验收程序有项目执行报告，设计工作报告，质量监督报告，工程竣工验收鉴定检测申请，工程质量鉴定报告，竣工验收申请，竣工验收申请的批文，竣工验收委员会工程质量评分及汇总表，竣工验收工程质量评分，各参建单位综合评价，建设项目综合评价，工程竣工验收鉴定书，各参建单位工作综合评价等级证书样表。

复 习 思 考 题

1. 叙述交工验收的程序资料。
2. 叙述竣工验收的程序资料。

第8章

公路工程施工统一用表

知识要点

1. 了解公路工程施工统一用表系统开发的目的；
2. 掌握施工统一用表管理系统的主要类别与使用功能；
3. 能使用施工统一用表管理系统进行资料管理。

8.1 统一用表概况

公路工程施工用表种类繁多，主要有管理资料（A类）、技术资料（B类）、测量记录（C类）、施工记录（D类）、试验检验记录（E类）、物资资料（F类）、施工质量验收资料（G类）等，为统一用表格式与要求，需按各工程项目制作统一用表。可以通过自制的 Excel 或 word 等表格形成，也可以开发专业管理系统以形成施工统一用表。

公路建设项目众多，而施工控制、检测和评定等质保资料用表则五花八门、形式多样，且往往存在记录项目不全、不明确或表式不全、不规范等问题。因此，为使工程资料真正起到反映工程实际与保证工程质量安全的作用，同时满足施工和管理需要，专业管理系统制成的公路工程施工统一用表是一种很好的选择。目前，全国各省市的交通工程质量安全监督部门已陆续推出了各种形式的公路建设项目施工统一用表管理系统。

8.2 管理系统应用

公路建设项目施工统一用表管理系统是将工程施工的各类表格集成到系统里，根据需要来调用打印，下面介绍使用功能有较大区别的两大类管理系统的应用。

8.2.1 智能型施工统一用表管理系统的应用

公路工程竣工验收技术资料统一用表管理系统是由广州建软软件技术有限公司与深圳市公路工程质量监督站联合研制、共同推出的。系统采用信息化技术实现了公路工程资料的规范化、标准化管理，并通过 Internet/Intraner 实现了各级质量监督机构与工程项目之间安全数据的传送，可供建设、施工、监督、备案等单位使用。系统具有质量检验自动评分与评定各单位工程、分部工程、分项工程质量功能，质量检验评定表得分系统会自动按分部工程、单位工程、工程标段进行汇总，使用者既可以选择相应分项或分部工程查看得分及质量情况，也可以选择单位工程查看得分及质量情况。

公路工程资料管理

该系统共分《工程项目管理用表》《质量检验评定用表》《工程施工现场检查检测记录表》《工程质量检验试验记录表》《竣工（交）工验收用表》共计1000多张表格。

1. 基本操作

用户首次使用本软件时可在此窗口新建一个项目名称，选择所需工程资料库，点击"确定"后进入软件主界面。若已建立资料文件，用户直接在左上角窗口中选择"按以往工程"打文件进入软件主界面（图8-1），主界面分别由菜单栏、工具栏、工程管理结构树、工程信息管理窗（表格预览窗口）、状态栏组成。

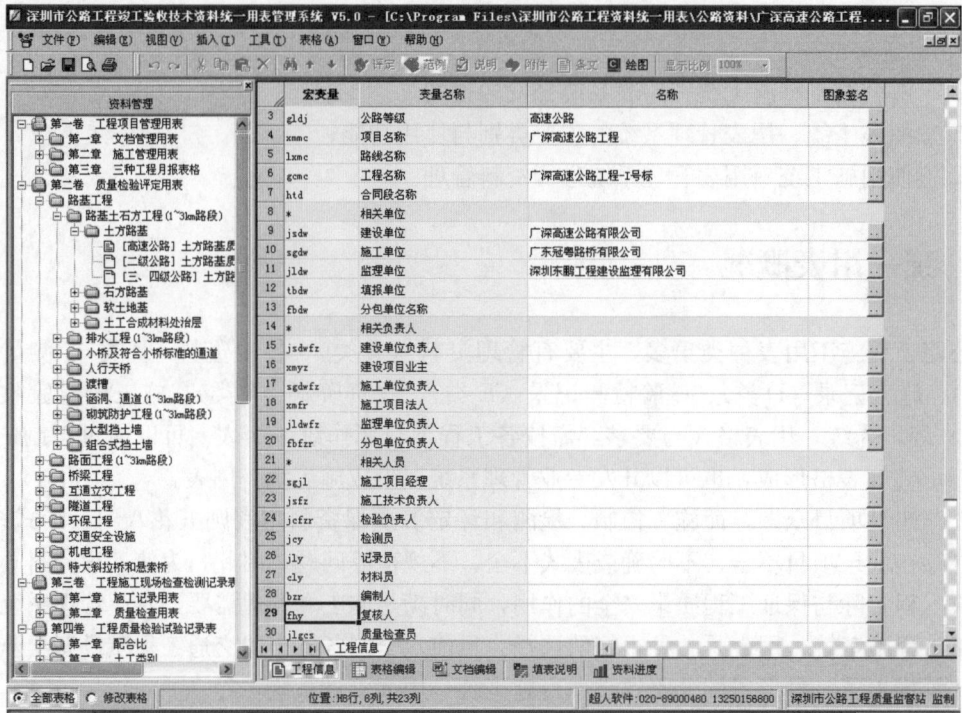

图8-1　主界面

双击新建一张新的表格进入表格编辑界面（图8-2）。表格编辑窗口是本系统的主要窗口，由工具栏、菜单栏、表格编辑区、状态栏组成。

用户通过"资料附件管理"功能可以向表格导入各种类型的文件、表格、资料，以便对工程过程各种资料文件进行统一管理。此时在弹出的窗口（图8-3）中有五个选项。

［链接资料］：主要用于链接一些无法导入到文件，链接的文件可以通过双击的方式打开。

［Excel表格］：如是Excel文件可以直接导入到系统中，只需选择相关Excel文件就可以导入。

［Word文档］：如是WORD文件可以直接导入到系统中，只需选择相关WORD文件就可以导入。

［图像资料］：一般资料原件可以通过扫描方式转换为图像文件导入到资料文件中。

［用户表格］：可以在当前表格中增加其他表格到当前目录，只需选择相关用户表格。

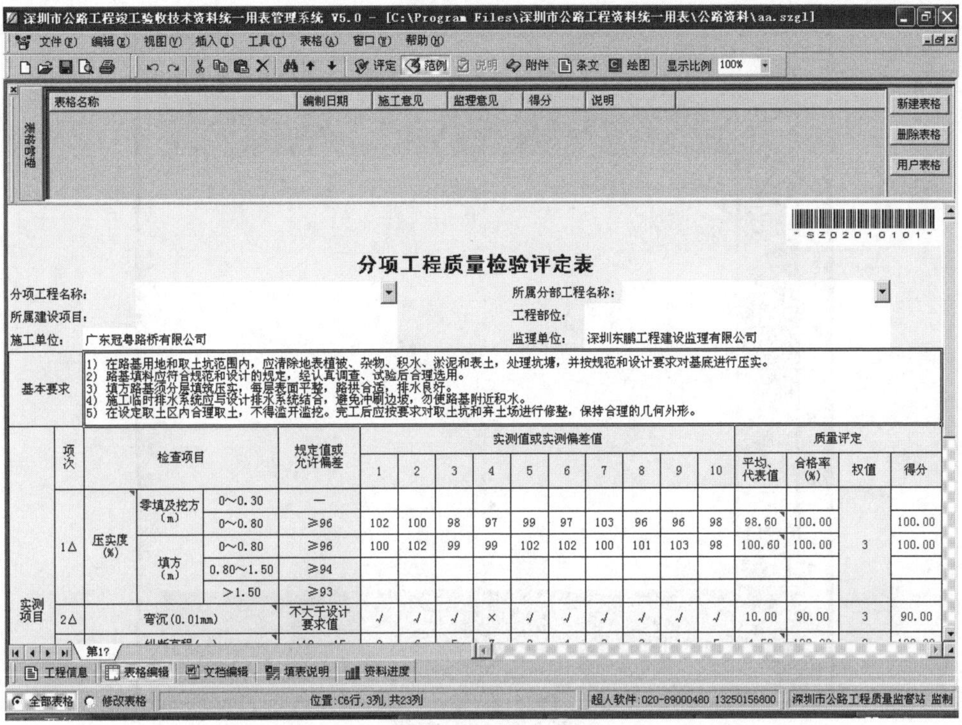

图 8-2　表格编辑界面

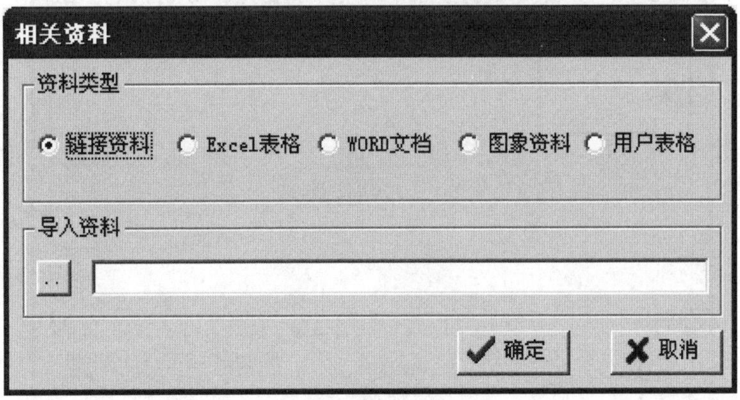

图 8-3　相关资料界面

如果用户需自行绘制简单图形，可选择主界面的"工程绘图"功能，通过弹出的制图窗口来完成绘图（图 8-4）。工程资料表格有部分是需要附图的，因该软件只提供简单的绘图方法，所以复杂的图形用户一般在 CAD 中绘制，如要插入 CAD 图按下列方法进行。

（1）打开 CAD 软件进行绘图。

（2）选择要输出的图形（最后用全选键）。

（3）在文件菜单中选择输出，选择 swf 的图元格式。

（4）保存为一个图元文件。

（5）在资料软件中选择要插入的图形的单元格，然后选择图片，如图 8-5 所示。选择设置

图 8-4　制图窗口

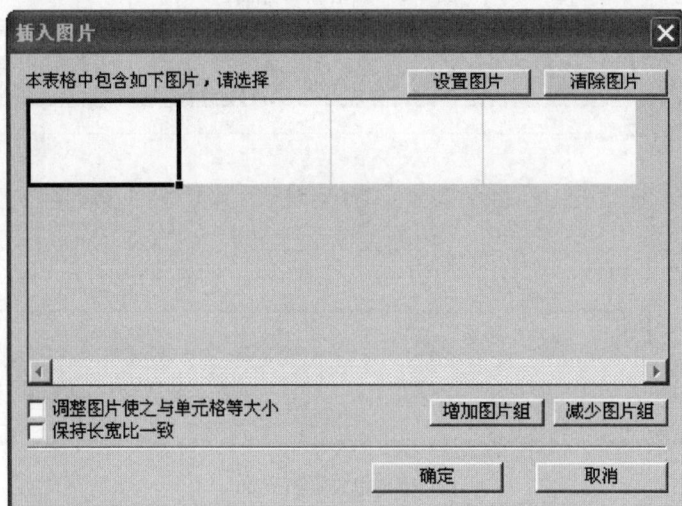

图 8-5　插入图片界面

图片，找到要插入图形的文件并按打开，如图形大于单元格，最好选择调整图片与单元格等大小及保持长宽比一致。

2. 工程质量自动"评定"与"范例"功能

系统有"评定"功能，可分别对工程质量自动评定。分项工程质量检验内容包括：基本要求、实测项目、外观鉴定、质量保证资料。只需在系统输入以上内容的工程数据后，系统会自动进行得分计算，并根据现行的《公路工程质量检验评定标准》自动进行质量评分，质量自动评分实例如图 8-6 所示。

检查项目		规定值或允许偏差	实测值或实测偏差值										质量评定			
			1	2	3	4	5	6	7	8	9	10	平均、代表值	合格率(%)	权值	得分
弯拉强度(MPa)		在合格标准之内	0	0	0	0	0.8	0	0.1	0	0	0	0.09	80.00	3	80.00
板厚度(mm)	代表值	-5	-4.6	-2.9	-4.9	-2.8	-4.9	-3.3	-4.1	-2.8	-4.7	-0.1	-3.51		3	
	合格值	-10	-6.2	-7.2	-8.6	-0.3	-0.9	-5.6	-9.4	-10	-8.4	-6.7	-6.33			
平整度	σ(mm)	1.2	1.2	1.1	1.2	1.3	1.1	1.2	1.1	1.3	1.2	1.2	1.19	80.00	2	80.00
	1RI(m/km)	2	1.9	1.9	1.8	2	2.1	1.8	1.9	1.8	1.9	1.8	1.89	90.00		90.00
	最大间隙h(mm)	—														
抗滑构造深度(mm)		一般路段不小于0.7且不大于1.1；特殊路段不小于0.8且不大于1.2	1	1.1	1.1	1.1	1.1	1.2	1	1	1.1	1.1	1.08	90.00	2	90.00
相邻板高差(mm)		2	1.9	1.8	1.9	2	2.1	1.8	2	2	1.8	1.93	90.00	2	90.00
纵、横缝顺直度(mm)		10	9.6	9.5	9.4	9.9	10.1	9.1	9.1	10.4	9.2	10.4	9.67	70.00	1	70.00
中线平面偏位(mm)		20	19.3	19.7	19.8	18.6	19.6	20.9	18.5	21.6	18.9	19.69	80.00	1	80.00
路面宽度(mm)		±20	19.7	19.6	21.7	18.5	19.5	18.3	21.6	19.1	18.4	19.6	19.60	80.00	1	80.00
纵断高程(mm)		±10	9.6	9.7	9.6	9.9	9.8	10.9	10.8	9.2	10.3	9.3	9.91	70.00	1	70.00
横坡(%)		±0.15	0.1	0.1	0.1	0.1	0.1	0.5	0.1	0.6	0.8	0.2	0.25	70.00	1	70.00
合计			81.88													
外观鉴定									减分		0		监理意见			
质量保证资料									减分		1					
程质量等级评定			评分：80.88							质量等级：合格						

图 8-6　分项工程质量自动评分实例

然后，质量检验评定表得分系统会进一步按分部工程、单位工程、合同段进行自动汇总，用户可以选择相应分项或分部工程查看评分以及质量情况，也可以选择单位工程与合同段查看评分及质量情况。

"范例"功能可查看表格的填写范例，帮助用户快速了解当前表格的填写方式，如图 8-7 所示。

表格填写范例

分部工程质量检验评定表

分部工程名称：路基工程　　　　　　　　所属单位工程：XX省公路改造工程

所属建设项目：XX省公路改造工程　　　　工程部位：

施工单位：XX公路施工有限公司　　　　　监理单位：XX公路建设监理公司

施工单位	分项工程					备注
	工程名称	质量评定				
		实得分数	权值	加权得分	等级	
XX公路施工有限公司	路基土石方工程(K0+000～K2+000)	92	2	184	合格	
	排水工程(K0+000～K2+000)	86	1	86	合格	
	砌筑防护工程(1~3km路段)	100	1	100	合格	

◄◄　◄　►　►►　分部工程质量检验评定表

图 8-7　表格填写范例

3. 资料组卷

当用户编制完当前工程资料后，可以通过主菜单的"资料归档组卷"选项进行资料组卷，资料组卷可以把相关修改的资料组卷到其他目录中。选择相应组卷库，如图 8-8 所示。

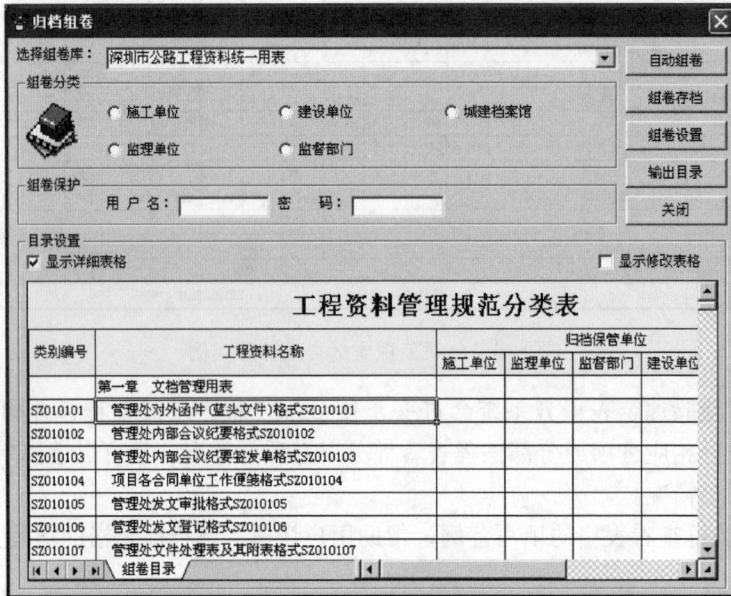

图 8-8 归档组卷界面

[自动组卷]：系统会自动产生组卷目录。

[组卷存档]：是把当前组卷目录工程所有电子文件保存到一个文件夹中，方便进行刻录或存档。存档后会产生一个新的工程文件，如需要进行修改可以通过打开文件方式进行进一步修改、编辑。

[组卷设置]：点击此按钮可显示或关闭详细表格，以及显示已修改表格。

[输出目录]：可以直接打印目录或导出 Excel 目录。

8.2.2 标准型施工统一用表管理系统的应用

浙江省公路建设项目施工统一用表管理系统主要提供标准化的施工统一用表，所有表格通过软件集成后，用户需打印后手工填写数据，这一系统也有不同的使用版本。

1. 版本一

该版本包含工程设置、基础表格汇编、分项资料目录检索、表格预览和表格打印等功能。

（1）工程设置。进入主界面后（图 8-9），首先必须进行"工程信息设置"，进入"工程信息设置"窗口（图 8-10），工程名称、注册单位名称（承包单位或者监理单位）将自动显示，请输入建设项目的合同编号，承包单位名称或者监理单位名称。系统中所有表格将自动显示工程名称、合同编号、承包单位、监理单位等四项信息，然后打印出来作为原始记录表格，复制填写。

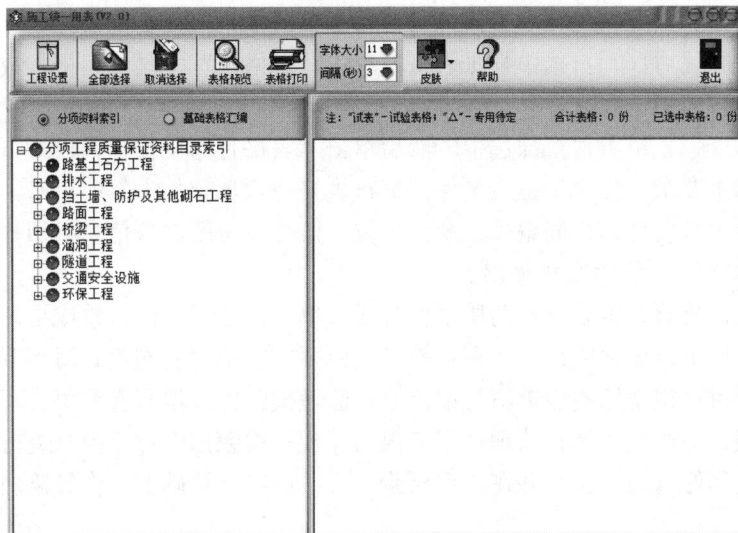

图 8-9　版本一主界面

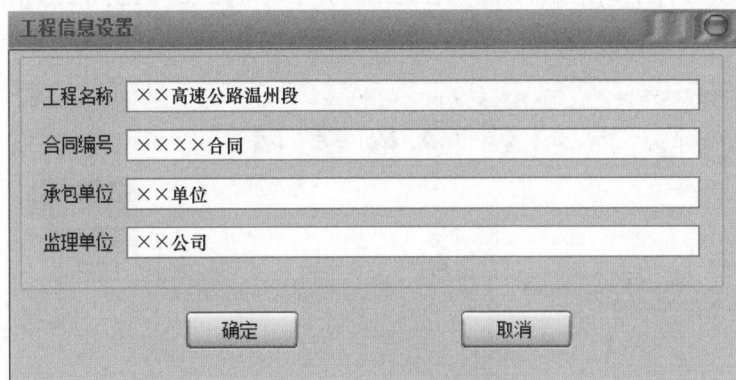

图 8-10　工程信息设置窗口

（2）基础表格汇编（表 8-1）。系统将常用的施工基础表格汇编为下列六册基础表格，每册表格都可单独或者全部预览、打印。

表 8-1　　　　　　　　　　基 础 表 格 汇 编

基础表格	代码、项次
工程质量检验评定用表	（代码 ZP）　219 项
现场质量检验报告单	（代码 ZJ）　212 项
施工记录用表	（代码 JS）　165 项
管理文件用表	（代码 GL）　47 项
计量支付用表	（代码 JL）　46 项
试验检测用表	由《公路工程试验检测数据处理系统 HT-DPS》软件输出表格

（3）分项资料检索——分项工程质量保证资料。分项工程质量保证资料目录，以交、竣工资料重要程度进行分类，软件提供按工序分类的目录。自动从"基础表格汇编"中检索各分项工程质量保证资料表格，并可以单独或者全部预览、打印。

（4）打印表格。从分项工程质量保证资料目录索引中检索需要的表格。

［单页表格预览、打印］：选中某张表格，单击"表格预览"预览表格，或单击"表格打印"即可打印该张表格。

［成批表格打印］：单击"全部选中"然后单击"表格打印"按钮，成批打印。

（5）表格填报要求。分项工程质量保证资料表格必须从软件中打印出来，然后复制，手工填写。表格中工程名称、合同编号、承包单位、监理单位等四项信息必须打印。试验检测用表必须从试验软件 HT-DPS 中输出。

公路工程质量检验评定表及现场质量检验报告单：在施工单位自检或自评符合要求基础上，再提交给监理进行核验或评定。在自检时，原则上应填写实测值，写不下时应附具体的检测表；自评时可根据现场质检单填写偏差值；监理核验也应填写实测值，写不下时应附具体的监理核验表，由监理存档；监理评定应根据监理核验数据平行、独立进行。

所有表式应作好自检签认，并在监理核验、旁站或审核基础上，作好监理签认及有关评价工作。

2. 版本二

该版本是一款用于打印浙江省公路工程通用的施工统一用表，其主界面如图 8-11 所示。系统共有表格 871 张，其中有一小部分为空白表格，包括试验用表和标有"△"的专用待定表格。

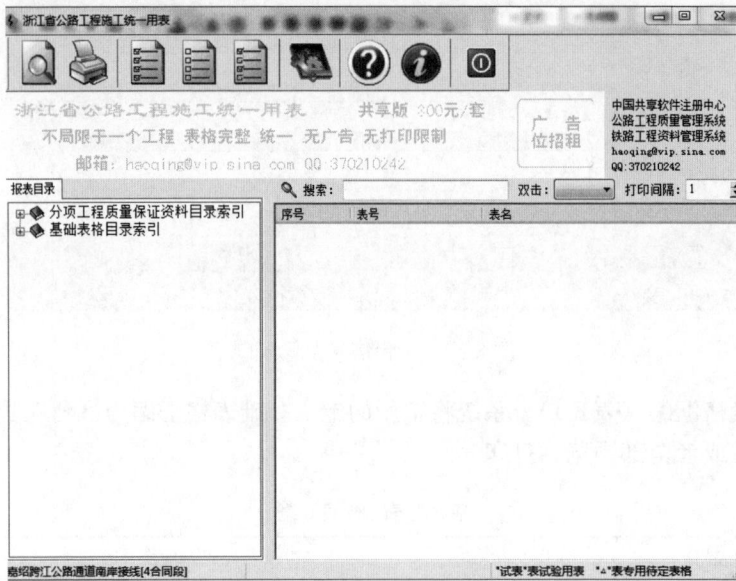

图 8-11　版本二主界面

表格的分类与版本一相同。使用本软件可以打印规范的统一用表、能够自动填写：工程名称、施工单位、监理单位、合同号等信息。点击软件工具栏按钮"工程管理"（图 8-12），通过点击"增加""删除"按钮可以管理多个工程项目，需要打印哪个工程的表格即可点击＜选择＞按钮，或鼠标双击工程项目。

直接修改工程信息，甚至为空，打印的工程信息会出现在软件的左下角状态栏中。

可以进行批量打印、预览报表、报表搜索等功能。采用简便的树形与列表相结合的操作界面，方便易用。并可管理多个工程项目和合同段。

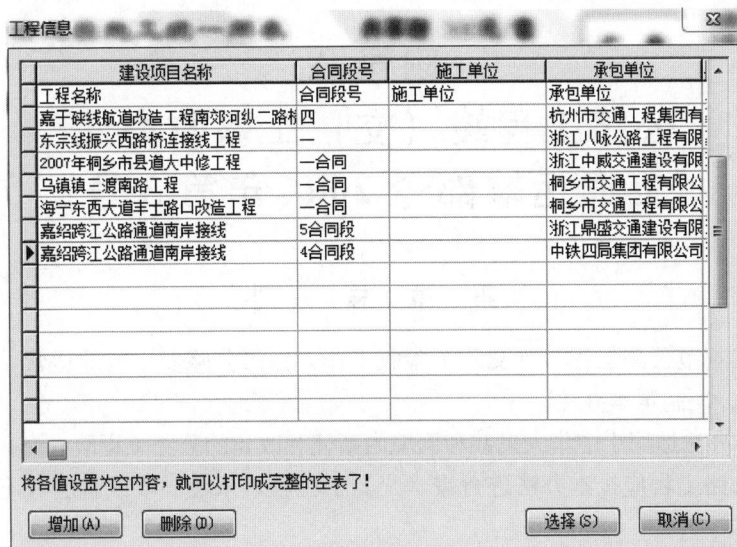

图 8-12　工程管理窗口

系统包括分项工程资料保证资料用表、基础表格、表格预览、表格打印、报表搜索和工程设置等功能，这些功能与版本一的基本相同。

由于目前正处于《公路工程质量检验评定标准》新旧规范更替过程中，各类管理系统的质量检验评定表还存在使用旧格式的情况。因此，按新规范进行评定的格式可参见表附 C-3 与表附 C-4。

本　章　小　结

本章主要介绍公路工程施工统一用表的基本情况，将国内现有的公路建设项目施工统一用表管理系统概况为智能型与标准型两大类别，并重点介绍两类管理系统的应用情况。

1. 智能型施工统一用表管理系统的应用

系统采用信息化技术实现了公路工程资料的规范化、标准化管理，并通过 Internet/Intraner 实现了各级质量监督机构与工程项目之间安全数据的传送，可供建设、施工、监督、备案等单位使用。系统具有质量检验自动评定各单位工程、分部工程、分项工程质量功能，质量检验评定表系统会自动按分部工程、单位工程、工程标段进行汇总，使用者既可以选择相应分项或分部工程查看质量评定情况，也可以选择单位工程查看质量评定情况。

2. 标准型施工统一用表管理系统的应用

浙江省公路建设项目施工统一用表管理系统主要提供标准化的施工统一用表，所有表格通过软件集成后，用户需打印后手工填写数据。

复 习 思 考 题

1. 列举公路工程施工用表的种类。

2. 说明智能型与标准型施工统一用表管理系统的主要功能区别。

3. 分别列举智能型与标准型施工统一用表管理系统的主要表格。

附录 A
公路工程竣（交）工验收办法
（交通运输部令 2004 年第 3 号）

第一章 总 则

第一条 为规范公路工程竣（交）工验收工作，保障公路安全有效运营，根据《中华人民共和国公路法》，制定本办法。

第二条 本办法适用于中华人民共和国境内新建和改建的公路工程竣（交）工验收活动。

第三条 公路工程应按本办法进行竣（交）工验收，未经验收或者验收不合格的，不得交付使用。

第四条 公路工程验收分为交工验收和竣工验收两个阶段。

交工验收是检查施工合同的执行情况，评价工程质量是否符合技术标准及设计要求，是否可以移交下一阶段施工或是否满足通车要求，对各参建单位工作进行初步评价。

竣工验收是综合评价工程建设成果，对工程质量、参建单位和建设项目进行综合评价。

第五条 公路工程竣（交）工验收的依据是：

（一）批准的工程可行性研究报告；

（二）批准的工程初步设计、施工图设计及变更设计文件；

（三）批准的招标文件及合同文本；

（四）行政主管部门的有关批复、批示文件；

（五）交通运输部颁布的公路工程技术标准、规范、规程及国家有关部门的相关规定。

第六条 交工验收由项目法人负责。

竣工验收由交通主管部门按项目管理权限负责。交通运输部负责国家、部重点公路工程项目中 100 千米以上的高速公路、独立特大型桥梁和特长隧道工程的竣工验收工作；其他公路工程建设项目，由省级人民政府交通主管部门确定的相应交通主管部门负责竣工验收工作。

第七条 公路工程竣（交）工验收工作应当做到公正、真实和科学。

第二章 交 工 验 收

第八条 公路工程（合同段）进行交工验收应具备以下条件：

（一）合同约定的各项内容已完成；

（二）施工单位按交通运输部制定的《公路工程质量检验评定标准》及相关规定的要求对工程质量自检合格；

（三）监理工程师对工程质量的评定合格；

（四）质量监督机构按交通运输部规定的公路工程质量鉴定办法对工程质量进行检测（必要时可委托有相应资质的检测机构承担检测任务），并出具检测意见；

（五）竣工文件已按交通运输部规定的内容编制完成；

（六）施工单位、监理单位已完成本合同段的工作总结。

第九条　公路工程各合同段符合交工验收条件后，经监理工程师同意，由施工单位向项目法人提出申请，项目法人应及时组织对该合同段进行交工验收。

第十条　交工验收的主要工作内容是：

（一）检查合同执行情况；

（二）检查施工自检报告、施工总结报告及施工资料；

（三）检查监理单位独立抽检资料、监理工作报告及质量评定资料；

（四）检查工程实体，审查有关资料，包括主要产品质量的抽（检）测报告；

（五）核查工程完工数量是否与批准的设计文件相符，是否与工程计量数量一致；

（六）对合同是否全面执行、工程质量是否合格作出结论，按交通主管部门规定的格式签署合同段交工验收证书；

（七）按交通运输部规定的办法对设计单位、监理单位、施工单位的工作进行初步评价。

第十一条　项目法人负责组织公路工程各合同段的设计、监理、施工等单位参加交工验收。拟交付使用的工程，应邀请运营、养护管理单位参加。参加验收单位的主要职责是：

项目法人负责组织各合同段参建单位完成交工验收工作的各项内容，总结合同执行过程中的经验，对工程质量是否合格作出结论；

设计单位负责检查已完成的工程是否与设计相符，是否满足设计要求；

监理单位负责完成监理资料的汇总、整理，协助项目法人检查施工单位的合同执行情况，核对工程数量，科学公正地对工程质量进行评定；

施工单位负责提交竣工资料，完成交工验收准备工作。

第十二条　项目法人组织监理单位按《公路工程质量检验评定标准》的要求对各合同段的工程质量进行评定。

监理单位根据独立抽检资料对工程质量进行评定，当监理按规定完成的独立抽检资料不能满足评定要求时，可以采用经监理确认的施工自检资料。

项目法人根据对工程质量的检查及平时掌握的情况，对监理单位所做的工程质量评定进行审定。

第十三条　各合同段工程质量评分采用所含各单位工程质量评分的加权平均值。即：

工程各合同段交工验收结束后，由项目法人对整个工程项目进行工程质量评定，工程质量评分采用各合同段工程质量评分的加权平均值。即

工程质量等级评定分为合格和不合格，工程质量评分值大于等于 75 分的为合格，小于 75 分的为不合格。

第十四条　公路工程各合同段验收合格后，项目法人应按交通运输部规定的要求及时完成项目交工验收报告，并向交通主管部门备案。国家、部重点公路工程项目中 100 公里以上的高速公路、独立特大型桥梁和特长隧道工程向省级人民政府交通主管部门备案，其他公路工程按省级人民政府交通主管部门的规定向相应的交通主管部门备案。

公路工程各合同段验收合格后，质量监督机构应向交通主管部门提交项目的检测报告。交通主管部门在 15 天内未对备案的项目交工验收报告提出异议，项目法人可开放交通进入试运营期。试运营期不得超过 3 年。

第十五条　交工验收提出的工程质量缺陷等遗留问题，由施工单位限期完成。

第三章 竣 工 验 收

第十六条 公路工程进行竣工验收应具备以下条件：

（一）通车试运营 2 年后；

（二）交工验收提出的工程质量缺陷等遗留问题已处理完毕，并经项目法人验收合格；

（三）工程决算已按交通运输部规定的办法编制完成，竣工决算已经审计，并经交通主管部门或其授权单位认定；

（四）竣工文件已按交通运输部规定的内容完成；

（五）对需进行档案、环保等单项验收的项目，已经有关部门验收合格；

（六）各参建单位已按交通运输部规定的内容完成各自的工作报告；

（七）质量监督机构已按交通运输部规定的公路工程质量鉴定办法对工程质量检测鉴定合格，并形成工程质量鉴定报告。

第十七条 公路工程符合竣工验收条件后，项目法人应按照项目管理权限及时向交通主管部门申请验收。交通主管部门应当自收到申请之日起 30 日内，对申请人递交的材料进行审查，对于不符合竣工验收条件的，应当及时退回并告知理由；对于符合验收条件的，应自收到申请文件之日起 3 个月内组织竣工验收。

第十八条 竣工验收的主要工作内容是：

（一）成立竣工验收委员会；

（二）听取项目法人、设计单位、施工单位、监理单位的工作报告；

（三）听取质量监督机构的工作报告及工程质量鉴定报告；

（四）检查工程实体质量、审查有关资料；

（五）按交通运输部规定的办法对工程质量进行评分，并确定工程质量等级；

（六）按交通运输部规定的办法对参建单位进行综合评价；

（七）对建设项目进行综合评价；

（八）形成并通过竣工验收鉴定书。

第十九条 竣工验收委员会由交通主管部门、公路管理机构、质量监督机构、造价管理机构等单位代表组成。大中型项目及技术复杂工程，应邀请有关专家参加。国防公路应邀请军队代表参加。

项目法人、设计单位、监理单位、施工单位、接管养护等单位参加竣工验收工作。

第二十条 参加竣工验收工作各方的主要职责是：

竣工验收委员会负责对工程实体质量及建设情况进行全面检查。按交通运输部规定的办法对工程质量进行评分，对各参建单位进行综合评价，对建设项目进行综合评价，确定工程质量和建设项目等级，形成工程竣工验收鉴定书。

项目法人负责提交项目执行报告及验收所需资料，协助竣工验收委员会开展工作；

设计单位负责提交设计工作报告，配合竣工验收检查工作；

监理单位负责提交监理工作报告，提供工程监理资料，配合竣工验收检查工作；

施工单位负责提交施工总结报告，提供各种资料，配合竣工验收检查工作。

第二十一条 竣工验收工程质量评分采取加权平均法计算，其中交工验收工程质量得分权值为 0.2，质量监督机构工程质量鉴定得分权值为 0.6，竣工验收委员会对工程质量评定得分权值为 0.2。

工程质量评定得分大于等于 90 分为优良，小于 90 分且大于等于 75 分为合格，小于 75 分为不合格。

第二十二条　竣工验收委员会按交通运输部规定的办法对参建单位的工作进行综合评价。

评定得分大于等于 90 分且工程质量等级优良的为好，大于等于 75 分为中，小于 75 分为差。

第二十三条　竣工验收建设项目综合评分采取加权平均法计算，其中竣工验收工程质量得分权值为 0.7，参建单位工作评价得分权值为 0.3（项目法人占 0.15，设计、施工、监理各占 0.05）。

评定得分大于等于 90 分且工程质量等级优良的为优良，大于等于 75 分为合格，小于 75 分为不合格。

第二十四条　负责组织竣工验收的交通主管部门对通过验收的建设项目按交通运输部规定的要求签发《公路工程竣工验收鉴定书》。

通过竣工验收的工程，由质量监督机构依据竣工验收结论，按照交通运输部规定的格式对各参建单位签发工作综合评价等级证书。

第四章　罚　　则

第二十五条　项目法人违反本办法规定，对不具备交工验收条件的公路工程组织交工验收，交工验收无效，由交通主管部门责令改正。

第二十六条　项目法人违反本办法规定，对未进行交工验收、交工验收不合格或未备案的工程开放交通进行试运营的，由交通主管部门责令停止试运营，并予以警告处罚。

第二十七条　项目法人对试运营期超过 3 年的公路工程不申请组织竣工验收的，由交通主管部门责令改正。对责令改正后仍不申请组织竣工验收的，由交通主管部门责令停止试运营。

第二十八条　质量监督机构人员在验收工作中滥用职权、玩忽职守、徇私舞弊的，依法给予行政处分，构成犯罪的，依法追究刑事责任。

第五章　附　　则

第二十九条　公路工程建设项目建成后，施工单位、监理单位、项目法人应负责编制工程竣工文件、图表、资料，并装订成册，其编制费用分别由施工单位、监理单位、项目法人承担。

各合同段交工验收工作所需的费用由施工单位承担。整个建设项目竣（交）工验收期间质量监督机构进行工程质量检测所需的费用由项目法人承担。

第三十条　对通过验收的工程，由项目法人按照国家规定，分别向档案管理部门和公路管理机构、接管养护单位办理有关档案资料和资产移交手续。

第三十一条　对于规模较小、等级较低的小型项目，可将交工验收和竣工验收合并进行。规模较小、等级较低的小型项目的具体标准由省级人民政府交通主管部门结合本地区的具体情况制订。

第三十二条　本办法由交通运输部负责解释。

第三十三条　本办法自 2004 年 10 月 1 日起施行。交通运输部颁布的《公路工程竣工验收办法》（交公路发〔1995〕1081 号）同时废止。

附录 B
公路工程竣（交）工验收办法实施细则
（交公路发〔2010〕65 号）

第一章 总 则

第一条 为进一步规范和完善公路工程竣（交）工验收工作，根据《公路工程竣（交）工验收办法》（交通运输部令 2004 年第 3 号），制定本细则。

第二条 公路工程验收分为交工验收和竣工验收两个阶段。

交工验收阶段，其主要工作是：检查施工合同的执行情况，评价工程质量，对各参建单位工作进行初步评价。

竣工验收阶段，其主要工作是：对工程质量、参建单位和建设项目进行综合评价，并对工程建设项目作出整体性综合评价。

第三条 公路工程竣（交）工验收的依据是：

（一）批准的项目建议书、工程可行性研究报告。

（二）批准的工程初步设计、施工图设计及设计变更文件。

（三）施工许可。

（四）招标文件及合同文本。

（五）行政主管部门的有关批复、批示文件。

（六）公路工程技术标准、规范、规程及国家有关部门的相关规定。

第二章 交 工 验 收

第四条 公路工程交工验收工作一般按合同段进行，并应具备以下条件：

（一）合同约定的各项内容已全部完成。各方就合同变更的内容达成书面一致意见。

（二）施工单位按《公路工程质量检验评定标准》及相关规定对工程质量自检合格。

（三）监理单位对工程质量评定合格。

（四）质量监督机构按"公路工程质量鉴定办法"对工程质量进行检测，并出具检测意见。检测意见中需整改的问题已经处理完毕。

（五）竣工文件按公路工程档案管理的有关要求，完成"公路工程项目文件归档范围"第三、四、五部分（不含缺陷责任期资料）内容的收集、整理及归档工作。

（六）施工单位、监理单位完成本合同段的工作总结报告。

第五条 交工验收程序：

（一）施工单位完成合同约定的全部工程内容，且经施工自检和监理检验评定均合格后，提出合同段交工验收申请报监理单位审查。交工验收申请应附自检评定资料和施工总结报告。

（二）监理单位根据工程实际情况、抽检资料以及对合同段工程质量评定结果，对施工单位交工验收申请及其所附资料进行审查并签署意见。监理单位审查同意后，应同时向项目法人提交独立抽检资料、质量评定资料和监理工作报告。

（三）项目法人对施工单位的交工验收申请、监理单位的质量评定资料进行核查，必要时可委托有相应资质的检测机构进行重点抽查检测，认为合同段满足交工验收条件时应及时组织交工验收。

（四）对若干合同段完工时间相近的，项目法人可合并组织交工验收。对分段通车的项目，项目法人可按合同约定分段组织交工验收。

（五）通过交工验收的合同段，项目法人应及时颁发"公路工程交工验收证书"。

（六）各合同段全部验收合格后，项目法人应及时完成"公路工程交工验收报告"。

第六条 交工验收的主要工作内容：

（一）检查合同执行情况。

（二）检查施工自检报告、施工总结报告及施工资料。

（三）检查监理单位独立抽检资料、监理工作报告及质量评定资料。

（四）检查工程实体，审查有关资料，包括主要产品的质量抽（检）测报告。

（五）核查工程完工数量是否与批准的设计文件相符，是否与工程计量数量一致。

（六）对合同是否全面执行、工程质量是否合格做出结论。

（七）按合同段分别对设计、监理、施工等单位进行初步评价。

第七条 各合同段的设计、施工、监理等单位参加交工验收工作，由项目法人负责组织。路基工程作为单独合同段进行交工验收时，应邀请路面施工单位参加。拟交付使用的工程，应邀请运营、养护管理等相关单位参加。交通运输主管部门、公路管理机构、质量监督机构视情况参加交工验收。

第八条 合同段工程质量评分采用所含各单位工程质量评分的加权平均值。即：

工程各合同段交工验收结束后，由项目法人对整个工程项目进行工程质量评定，工程质量评分采用各合同段工程质量评分的加权平均值。即：

投资额原则使用结算价，当结算价暂时未确定时，可使用招标合同价，但在评分计算时应统一。

第九条 交工验收工程质量等级评定分为合格和不合格，工程质量评分值大于等于 75 分的为合格，小于 75 分的为不合格。

第十条 交工验收不合格的工程应返工整改，直至合格。

交工验收提出的工程质量缺陷等遗留问题，由项目法人责成施工单位限期完成整改。

第十一条 对通过交工验收工程，应及时安排养护管理。

第三章 竣 工 验 收

第十二条 按照公路工程管理权限，各级交通运输主管部门应于年初制定年度竣工验收计划，并按计划组织竣工验收工作。列入竣工验收计划的项目，项目法人应提前完成竣工验收前的准备工作。

第十三条 公路工程竣工验收应具备以下条件：

（一）通车试运营 2 年以上。

（二）交工验收提出的工程质量缺陷等遗留问题已全部处理完毕，并经项目法人验收合格。

（三）工程决算编制完成，竣工决算已经审计，并经交通运输主管部门或其授权单位认定。

（四）竣工文件已完成"公路工程项目文件归档范围"的全部内容。

（五）档案、环保等单项验收合格，土地使用手续已办理。

（六）各参建单位完成工作总结报告。

（七）质量监督机构对工程质量检测鉴定合格，并形成工程质量鉴定报告。

第十四条 竣工验收准备工作程序：

（一）公路工程符合竣工验收条件后，项目法人应按照公路工程管理权限及时向相关交通运输主管部门提出验收申请，其主要内容包括：

1. 交工验收报告。

2. 项目执行报告、设计工作报告、施工总结报告和监理工作报告。

3. 项目基本建设程序的有关批复文件。

4. 档案、环保等单项验收意见。

5. 土地使用证或建设用地批复文件。

6. 竣工决算的核备意见、审计报告及认定意见。

（二）相关交通运输主管部门对验收申请进行审查，必要时可组织现场核查。审查同意后报负责竣工验收的交通运输主管部门。

（三）以上文件齐全且符合条件的项目，由负责竣工验收的交通运输主管部门通知所属的质量监督机构开展质量鉴定工作。

（四）质量监督机构按要求完成质量鉴定工作，出具工程质量鉴定报告，并审核交工验收对设计、施工、监理初步评价结果，报送交通运输主管部门。

（五）工程质量鉴定等级为合格及以上的项目，负责竣工验收的交通运输主管部门及时组织竣工验收。

第十五条 竣工验收主要工作内容：

（一）成立竣工验收委员会。

（二）听取公路工程项目执行报告、设计工作报告、施工总结报告、监理工作报告及接管养护单位项目使用情况报告。

（三）听取公路工程质量监督报告及工程质量鉴定报告。

（四）竣工验收委员会成立专业检查组检查工程实体质量，审阅有关资料，形成书面检查意见。

（五）对项目法人建设管理工作进行综合评价。审定交工验收对设计单位、施工单位、监理单位的初步评价。

（六）对工程质量进行评分，确定工程质量等级，并综合评价建设项目。

（七）形成并通过《公路工程竣工验收鉴定书》。

（八）负责竣工验收的交通运输主管部门印发《公路工程竣工验收鉴定书》。

（九）质量监督机构依据竣工验收结论，对各参建单位签发"公路工程参建单位工作综合评价等级证书"。

第十六条 竣工验收委员会由交通运输主管部门、公路管理机构、质量监督机构、造价管理机构等单位代表组成。国防公路应邀请军队代表参加。大中型项目及技术复杂工程，应邀请有关专家参加。

项目法人、设计、施工、监理、接管养护等单位代表参加竣工验收工作，但不作为竣工验收委员会成员。

第十七条 参加竣工验收工作各方的主要职责是：

竣工验收委员会负责对工程实体质量及建设情况进行全面检查。对工程质量进行评分，对各参建单位及建设项目进行综合评价，确定工程质量和建设项目等级，形成工程竣工验收鉴定书。

项目法人负责提交项目执行报告及验收工作所需资料，协助竣工验收委员会开展工作。

设计单位负责提交设计工作报告，配合竣工验收检查工作。

施工单位负责提交施工总结报告，提供各种资料，配合竣工验收检查工作。

监理单位负责提交监理工作报告，提供工程监理资料，配合竣工验收检查工作。

接管养护单位负责提交项目使用情况报告，配合竣工验收检查工作。

公路建设项目设计、施工、监理、接管养护等有多家单位的，项目法人应组织汇总设计工作报告、施工总结报告、监理工作报告、项目使用情况报告。竣工验收时选派代表向竣工验收委员会汇报。

第十八条 竣工验收工程质量评分采取加权平均法计算，其中交工验收工程质量得分权值为0.2，质量监督机构工程质量鉴定得分权值为0.6，竣工验收委员会对工程质量的评分权值为0.2。

对于交工验收和竣工验收合并进行的小型项目，质量监督机构工程质量鉴定得分权值为0.6，监理单位对工程质量评定得分权值为0.1，竣工验收委员会对工程质量的评分权值为0.3。

工程质量评分大于等于90分为优良，小于90分且大于等于75分为合格，小于75分为不合格。

第十九条 对建设项目出现以下特别严重问题的合同段，整改合格后，合同段工程质量不得评为优良，质量鉴定得分按照整改前的鉴定得分，超出75分的按75分，不足75分的按原得分；建设项目竣工验收工程质量等级和综合评定等级直接确定为合格。

（一）路基工程的大段落路基沉陷、大面积高边坡失稳。

（二）路面工程车辙深度大于10mm的路段累计长度超过该合同段车道总长度的5%。

（三）特大桥梁主要受力结构需要或进行过加固、补强。

（四）隧道工程渗漏水经处治效果不明显，衬砌出现影响结构安全裂缝，衬砌厚度合格率小于90%或有小于设计厚度二分之一的部位，空洞累计长度超过隧道长度的3%或单个空洞面积大于3m²。

（五）重大质量事故或严重质量缺陷，造成历史性缺陷的工程。

第二十条 对建设项目出现以下严重问题的合同段，整改合格后，合同段工程质量不得评为优良，质量鉴定得分按75分计算；并视对建设项目的影响，由竣工验收委员会决定建设项目工程质量是否评为优良。

（一）路基工程的重要支挡工程严重变形。

（二）路面工程出现修补、唧浆、推移、网裂等病害路段累计长度超过路线的3%或累计面积大于总面积的1.5%；竣工验收复测路面弯沉合格率小于90%。

（三）大桥、中桥主要受力结构需要或进行过加固、补强。

第二十一条 竣工验收委员会对项目法人及设计、施工、监理单位工作进行综合评价。评定得分大于等于90分且工程质量等级优良的为好，小于90分且大于等于75分为中，小于 75 分为差。

第二十二条 竣工验收建设项目综合评分采取加权平均法计算，其中竣工验收工程质量得分权值为 0.7，参建单位工作评价得分权值为 0.3（项目法人占 0.15，设计、施工、监理各占 0.05）。

评定得分大于等于 90 分且工程质量等级优良的为优良，小于 90 分且大于等于 75 分为合格，小于 75 分为不合格。

第二十三条 发生过重大及以上生产安全事故的建设项目综合评定等级不得评为优良。

第二十四条 根据《国务院关于促进节约用地的通知》（国发〔2008〕3 号）要求，竣工验收时需要核验建设项目依法用地和履行土地出让合同、划拨等情况。

第四章 附 则

第二十五条 各合同段交工验收工作所需的费用由施工单位承担。整个建设项目竣（交）工验收期间质量监督机构进行工程质量检测所需的费用由项目法人承担。

质量监督机构可委托有相应资质的检测机构承担竣（交）工验收的检测工作。

第二十六条 本细则自 2010 年 5 月 1 日起施行。《关于贯彻执行公路工程竣交工验收办法有关事宜的通知》（交公路发〔2004〕446 号）同时废止。

附录 C
案 例 汇 编

案例 1　设计变更申请书

已知：××平原区三级公路，工程起点桩号 K0＋000，终点桩号 K15＋098.351，全长 15.098km，设计车速为 40km/h，公路路基宽度 8.5m，其中行车道宽 2×3.5m，土路肩 2× 0.75m。工程的设计单位为东南交通勘察设计院，在施工阶段发现，JD9 处曲线附近原定搬迁的高压线，由于搬迁出现特殊情况，无法实施，故采用局部移线方案，将 JD9 处的曲线半径由原设计的 150m 改小为 100m，以避开高压线，因此产生了断链，路线长度发生变化，经过此次调整，计算出所增加的工程费用会超过原施工图批准的预算，但可控制在初步设计批准概算范围内。

试问：对下面所给的表附 C-1 和表附 C-2 进行计算，确定断链长度，完成设计变更申请书，并填写表 6-10"工程变更审批表"。

表附 C-1　　　　　　　　　　直线、曲线与转角一览表（变更前）

交点编号	交点桩号	偏角		曲线半径 (m)	缓和曲线长度 (m)	曲线					直线	
		左	右			曲线要素			曲线位置		直线长度	交点间距
						T_H	L_H	E_H	曲线起点桩号	曲线终点桩号		
1	2	3	4	5	6	7	8	9	10	11	12	13
8	K5＋904.98	8°28′		350	0							
9	K6＋175.85	29°16′		150	30							
10	K6＋364.05		40°03′	75	30							
11	K6＋534.79	44°18′		100	30							

表附 C-2　　　　　　　　　　直线、曲线与转角一览表（变更后）

交点编号	交点桩号	偏角		曲线半径 (m)	缓和曲线长度 (m)	曲线					直线	
		左	右			曲线要素			曲线位置		直线长度	交点间距
						T_H	L_H	E_H	曲线起点桩号	曲线终点桩号		
1	2	3	4	5	6	7	8	9	10	11	12	13
8	K5＋904.98	8°28′		350	0							
9	K6＋175.85	29°16′		100	30							
10	K6＋364.05		40°03′	75	30							
11	K6＋534.79	44°18′		100	30							

附：有下列情形之一的属于重大设计变更：

（1）连续长度 10km 以上的路线方案调整的；

（2）特大桥的数量或结构型式发生变化的；

（3）特长隧道的数量或通风方案发生变化的；

（4）互通式立交的数量发生变化的；

（5）收费方式及站点位置、规模发生变化的；

（6）超过初步设计批准概算的。

有下列情形之一的属于较大设计变更：

（1）连续长度 2km 以上的路线方案调整的；

（2）连接线的标准和规模发生变化的；

（3）特殊不良地质路段处置方案发生变化的；

（4）路面结构类型、宽度和厚度发生变化的；

（5）大中桥的数量或结构型式发生变化的；

（6）隧道的数量或方案发生变化的；

（7）互通式立交的位置或方案发生变化的；

（8）分离式立交的数量发生变化的；

（9）监控、通信系统总体方案发生变化的；

（10）管理、养护和服务设施的数量和规模发生变化的；

（11）其他单项工程费用变化超过 500 万元的；

（12）超过施工图设计批准预算的。

一般设计变更是指除重大设计变更和较大设计变更以外的其他设计变更。

平曲线计算相关公式如下：

（1）单圆曲线

1）曲线要素：切线长 $T=R\tan\dfrac{\alpha}{2}$；曲线长 $L=\dfrac{\pi}{180°}\alpha R$；外距 $E=R\left(\sec\dfrac{\alpha}{2}-1\right)$；切曲差 $D=2T-L$；

2）主点里程桩号：$ZY=JD-T$；$YZ=ZY+L$；$QZ=YZ-\dfrac{L}{2}$；$JD=QZ+\dfrac{D}{2}$（校核）

（2）带有缓和曲线（基本型）

1）曲线要素：内移值 $p=\dfrac{l_s^2}{24R}-\dfrac{l_s^4}{2384R^3}$；切线增值 $q=\dfrac{l_s}{2}-\dfrac{l_s^3}{240R^2}$；$\beta_0=\dfrac{l_s}{2R}\cdot\dfrac{180°}{\pi}$；切线长 $T_H=(R+p)\tan\dfrac{\alpha}{2}+q$；圆曲线长 $L_Y=(\alpha-2\beta_0)\dfrac{\pi}{180°}R$；曲线长 $L_H=L_Y+2l_s$；外距 $E_H=(R+p)\sec\dfrac{\alpha}{2}-R$；切曲差 $D_H=2T_H-L_H$；

2）主点里程桩号：

$ZH=JD-T_H$；$HY=ZH+l_s$；$YH=HY+l_Y$；$HZ=YH+l_s$；$QZ=HZ-\dfrac{L_H}{2}$；$JD=QZ+\dfrac{D_H}{2}$（校核）

案例 2 索赔申请单与索赔时间/金额审批表

已知：××公路工程，为了避免加班工作以及今后可能支付延误赔偿金的风险，承包人要求将路基的完工时间延长，理由如下：

（1）特别严重的暴雨导致路基压实工程施工延误。（索赔工期 15 天，索赔金额为 15 万人民币）

（2）现场劳务问题。（索赔工期 3 天，索赔金额为 2 万人民币）

（3）意外事故（不可抗力）损坏机械设备，事故发生后没有通知你，使你无法检查事故发生的实际情况。（索赔工期 3 天，索赔金额为 5 万人民币）

（4）工程师最近发布的一个变更令，即在原工地现场之外的另一个地方加了一项工作量较大的额外工作。（索赔工期 8 天，索赔金额为 8 万人民币）

（5）不可预见的恶劣土质条件，使得路基施工的开挖和回填工作量大大增加。（索赔工期 5 天，索赔金额为 2 万人民币）

以上各点中，第（1）（5）两点处于工期网络图的关键线路上。且每项金额索赔计算正确。

试问：

1. 分析以上 5 点，说明是否给予索赔的理由；

2. 请你以施工单位的身份填写表 6-12 "索赔申请单"；

3. 请你以监理工程师的身份综合分析承包人的理由，对他的索赔或延期作一个简单的答复，并填写表 6-13 "索赔时间/金额审批表"，其中，截至日前索赔累计金额为 200 万元人民币，截至日前索赔累计天数为 30 天。

附："索赔申请单"填写说明

1. 索赔项目：填写此次索赔事件的具体项目。

2. 申请依据：根据合同要求，结合延期和费用索赔的具体特点，如实填写。

3. 证明文件：承包人应根据索赔项目和申请依据，结合现场实际情况如实填写。证明此次索赔事件是由非承包人原因引起。

4. 监理工程师应对承包人提交的索赔申请单进行调查核实，与监理同期记录进行核对、计算，审查其索赔依据及计算金额与工期是否正确合理。并于签署意见前，应与建设单位及承包人充分协商。

"索赔时间/金额审批表"填写说明

1. 索赔项目：填写此次索赔事件的具体项目。

2. 上报日期：一般应在索赔时间发生后及时上报。

3. 监理工程师应对承包人提交的索赔申请单进行调查核实，与监理同期记录进行核对、计算，审查其延期天数和索赔金额是否正确。

4. 监理工程师审批前，应与建设单位及承包人充分协商。

5. 监理工程师应本着实事求是的原则以下几点进行重点审查。

（1）索赔事件是否属实；

（2）索赔事件是否符合《施工合同》规定；

（3）若是延期事件，应审查其是否发生在工期网络图的关键线路上，即时间索赔是否有效合理；

（4）时间/金额索赔计算是否正确，证据资料是否充足。

案例 3　监　理　月　报

已知：××公路工程主要技术指标如下：

主要技术指标一览表

项目		单位	标准
公路等级			平原区二级
计算行车速度		km/h	80
车道数		道	2
路基宽度		m	12
行车道宽度		m	2×4.5
土路肩宽度		m	2×1.5
占用土地		亩	205.42
拆迁建筑物		m²	270
平曲线最小半径		m/个	250/4
最短坡长		m	373.084
最大纵坡		%	3.9
凸形竖曲线最小半径		m/个	3000/1
凹形竖曲线最小半径		m/个	5000/1
路基防护工程		m³/m	3551/355
路面工程	沥青混凝土	m²	46083
	水泥稳定碎石	m²	50263
	级配碎石	m²	19395
路基挖方		m³	418778
路基填方		m³	74481
涵洞		m/道	219.5/11

　　本设计路线起点为前岸村三岔路口（K0＋000），沿线经过油漆厂、造纸厂、南门大坝、北风乡、小陈村，终点为南陈村，路线长 5.098km。

　　路线从起点开始至油漆厂门口止沿老路两侧或单侧拼宽，为改善线形，路线在剪刀头山西北侧石场穿过走新线，直至南门大坝，为充分利用老路和原大坝资源，并加固大坝本身的抗风浪能力，路线按原大坝前进方向右侧拼宽，过南门大坝后，路线右转，沿合凌山北侧并结合地形和充分利用老路要求进行布线，设置弯道 JD5、JD6 及交点 JD7，直至小陈村，在该村路段，为改善线形以及满足《公路工程技术标准》的要求。对部分房屋进行拆迁。路线终点设置于南陈村北面的晒谷场处，终点桩号为 K5＋098.351。

　　本地区是丘陵为陆地主体，面积约占陆地 70％，海拔基本上在 200m 以下，总地势东高西低，丘陵走向与陆地走向基本一致，在丘陵之间有滨河平地分布。

　　一、地质情况

　　主要分三种：

1. 淤泥质粉质黏土

灰色，湿～很湿，流塑，饱和流塑料，含水量 34.6%～41.2%，土层厚度 19.6－50.0m，孔隙比 0.97～1.16，塑性指数 8.6～13.4，压缩系数 0.41～0.74MPa－1，内摩擦角 6.5°～19.0°，该土层力学性质尚可，但压缩性高。

2. 砂层

以中粒砂为主，夹有较多贝壳和少量砾石，砂含量 50%～70%，砾石含量为 20%。

3. 粉质黏土

黄色或灰黄色，稍湿，可塑，局部硬塑，含水量 30.5%，土层厚度 1.9～4.95m，孔隙比 0.86，塑性指数 23.2，内摩擦角 18.5°，土体自上而下逐渐变硬。

全线设有涵洞 11 道，均采用钢筋混凝土盖板涵和圆管涵，其中：钢筋混凝土盖板涵 1 道，长 22m；圆管涵 10 道，长 197.5m。

本项目设单一合同段，承包人为海通工程建设有限公司，总造价为 2699.969 万元。人工为 266055 工日；木材：19m³；钢材：116t（包括钢钎）；水泥：2099t，沥青：638t。

施工计划工期为 18 个月。开工日期为 2014 年 1 月 1 日。

二、施工情况

截至 2015 年 1 月，本项目的材料、机械、人员配备实际情况正常，工程质量符合技术规范要求，计量与交验正常，支付情况良好。在合同执行过程中，没有发生争端与仲裁、违约、分包、转让和指定分包管理等情况，工程变更与索赔情况参见附录 C 案例 2，由于在工程实施过程中出现工期延误，经过项目部加强施工管理，提高生产效率，工程总进度延误时间已经缩短，至 1 月 25 日，总进度延误时间还有 10 天。

1 月 10 日召开了一次工地会议，参加者有高级驻地监理工程师及助理人员、承包方的项目经理与部门主管、业主代表，主要讨论了关于保障工程进度与质量的内容；还在 1 月 18 日由驻地监理工程师、监理员与项目部副经理、工程科科长、安全科长等一起进行了现场协调会，讨论工程安全施工事宜。

要求：编制此工程的 2015 年 1 月的监理月报。

案例 4 监理工作报告、施工总结报告

已知：××公路 N5 合同段位于××市××镇××村，起讫里程为 K25＋840～K30＋980，路线全长为 5.14km，本合同段有大中桥 7 座，总计 866.532m，涵洞 13 道。本合同段的主要工程数量如下表：

项目		单位	数量	项目		单位	数量
路线全长		km	5.14	桥梁工程	25m 箱梁桥	m/座	825.04/6
路基挖方	挖土方	m³	261323				
	挖石方	m³	75682		16m 空心板梁桥	m/座	41.5/1
路基填方	填土方	m³	216352				
	填石方	m³	56587	涵洞工程	混凝土盖板梁	道	12
防护工程		m³	78176				
排水工程		m	790		拱涵	道	1

N5 合同段于 2015 年 4 月 22 日开工，2016 年 9 月 20 日完成本合同段工程。

N5 合同段监理驻地办于 2015 年 4 月进驻工地，至 2016 年 9 月 20 日工程完工，历时 17 个月。××公路实行一级监理模式，N5 驻地办主要承担本合同段全线的监理任务。驻地办投入驻地监理工程师 1 名、路基防护工程师 3 名、结构工程师 4 名、试验工程师 1 名、试验助理 1 名、合同和计量工程师 1 名，驻地办实行驻地工程师全面负责制，与监理人员签订岗位责任制，责任落实到人，分工明确，并加强协作，圆满完成所辖合同段质量、进度、费用的监理工作。

N5 合同段组成××路桥公司××公路项目经理部，接受××公路建设管理处和××路桥公司领导。项目经理由法人代表授权，全权负责现场施工管理、物资采购供应、施工技术、工程质量、施工进度、安全生产、劳务管理、机械设备保障、文明施工、环境保护等项工作。项目部由项目经理、项目总工构成管理核心层，项目部下设六个职能科室，即施工技术科、安全质量科、工地试验室、物质设备科、计划物质科、综合办公室，构成施工管理中间层。根据本合同段工作内容，派两个路基施工队负责路基施工，三个桥梁施工队负责 7 座大中桥施工，7 个防护队负责施工防护工程及涵洞。

本公路的实际交通量现已超出设计的最大荷载，大吨位的集装运输高达 120t，一般货车均已达到 50t，面对着地形条件差、作业环境复杂，技术含量高的任务，是一次极大的考验。对所建的 N5 段的工程质量责任进行了划分，落实到人，使每一项工程、每道工序、每个环节都有明确的质量第一责任人及直接责任人，实行领导责任和直接责任人责任制。明确工程使用期限内出现质量问题，直接人不管调到哪里工作，担任何种职务，都要追究其相应的责任。

对所有员工进行岗前教育，重点培训，持证上岗。建立严密的质量保证体系，从组织上确保质量目标的实现。质量检查分三级管理，即项目部专职质检工程师、施工队质检负责人、班组质检员。建立完善的质量检测机构，项目部设工地实验室，成立测量队，施工队设工地试验、测量小组，按专业配齐专职人员，建立严格的质量保证制度、管理程序。作业过程中，主要从以下几点加以控制：①建立开工前的技术交底制度；②建立"五不施工"：即未进行技术交底不施工，图纸及技术要求不清楚不施工，测量桩和资料未经换手复核不施工，材料无合格证或试验不合格不施工，上道工序不经检查签证不施工；"三不交接"：即无自检记录不交接，未经专业人员验收合格不交接，施工记录不全不交接；③对工序实行严格的"三检"：即自检、互检、交接检；④建立严格的隐蔽工程检查签证制度；⑤建立测量计算资料换手复核制度；⑥建立施工过程质量检测制度；⑦建立严格的原材料、成品、半成品现场验收制度；⑧建立健全原材料、成品、半成品管理制度；⑨建立原材料采购制度；⑩建立仪器设备的标定制度；⑪建立严格的施工资料管理制度；⑫建立质量保证奖罚制度。

通过对合同段各单项、分部及单位工程的评定汇总，单位工程优良率达 100%，合同段工程质量自检评定得分 97.7 分，合同段质量等级为合格。

驻地办在质量控制方面以专业工程师及现场旁站监理为主，驻地工程师每天进行巡视，对桥梁主体工程的每道工序实行全方位、全过程的旁站监理，发现问题及时处理，不留任何隐患。路基土石方、涵洞工程及防护工程以巡视为主，并且每周对已完成工程进行一次全面检查。驻地办在施工中累计抽检 14060 次，合格 13638 次，合格率 97%，抽检频率大于 40%。共清除不合格材料 1000 余 m³，停工 3 次，返工 8 次。驻地办抽检频率达到 40% 以上，极大地促进了工程质量。

施工过程中出现的主要质量问题是施工初期碎石粒径不均匀、混凝土的和易性不好，造成混凝土强度的不稳定，及时发现进行纠正。

本合同段工程于 2016 年 10 月交工验收，驻地办经过质量评定，N5 合同段工程质量评定得分为 96.9 分，质量等级为合格。

具体的进度控制措施如下：①重视施工前各项准备工作；②开展劳动竞赛活动；③统计工程、制定计划、落实队伍、倒排工期。由于行车干扰、料源紧张及部分路段路槽翻浆现象严重，在施工初期进展缓慢，驻地办多次与项目部座谈，商讨对策，克服重重困难，工程于 2003 年 10 月近期完成。

驻地办在计量支付方面严格把关，特别是对工程数量，由专业工程师及计量工程师逐一审核，最后由驻地工程师认真把关。计量没有出现超计、漏计现象。

驻地办严格按监理合同及承包合同履行职责。驻地办既要维护业主的利益，又要维护施工单位的利益，这就要求必须严格合同管理，用合同来进行管理。驻地办对施工单位质量违约进行了处罚，有效地控制了工程质量。

施工期间，路基、桥梁、涵洞、防护工程基本同时开工，机械人员齐上阵，施工场面十分热烈，但安全隐患确实不少。首先及时传达管理处关于加强安全生产、防汛抢险、用电、冬季施工等的重要文件，提高全体施工人员对安全的高度重视，把安全生产放在第一位。另外，加强对管段内的管线的安全管理。按照文明的总体要求从以下三方面抓起：①项目部、施工队的驻地建设；②施工场地建设；③施工安全制度的建立。从开工至今未发生人员伤亡和财产损失等重大事故。

工程开工前，进行了详细的工地探查，并结合工地实际情况制定切合实际的环保方案；在施工过程中，注意了保护自然环境，防止水土流失，在大桥施工中主动与河道管理部门联系，商量划定取料区域，并主动清理、疏通河道。此外，由于施工场地穿过多个村镇，为了减少大量占用耕地，在技术上下了很大的工夫，改进了施工工艺，在保证施工质量的前提下，少占临时土地 200 余亩，大大节约了施工用地。

在施工过程中，根据施工现场的实际情况在桥梁梁板预制过程中，采用了与以前施工常用方法不同的两种方案，即桥梁的 16m 空心板预制与 25m 箱梁预制。

16m 先张空心板梁预制施工关键在于张拉台座形式的选择，以往常用做法有框架式台座和墩式台座，这两种做法的弊端是占地面积大，使用材料多，工程造价高。根据两种张拉台座施工原理，采用 2 根 $\phi32cm$ 钢管上下焊在一起，2.5m 一节用法兰连接，作为承力柱，此法占地面积小，移动方便，材料便宜，废旧钢管即可，而且可重复使用。

25m 箱梁预制通用程序复杂，施工人员多，机械使用多，且混凝土容易形成施工缝。采用了混凝土一体浇筑法施工，此法工序简单，施工人员少，使用机械设备少，仅需一台 5t 龙门吊即可。

本工程设计变更大的方面有四个：①K29＋340 大桥 0 号桥台与其桥头车行通道在设计中考虑不周，取消车行通道，大桥增加一孔；②变更 3 道明盖板涵洞为暗盖板涵洞；③中桥桥位中心位置错误，增加 2 孔；④对深挖方边坡进行了优化设计，对每段挖方边坡高度及平台宽度进行调整。

交工验收时发现 K27＋682.5 桥和 K29＋340 桥泄水管丢失，K29＋340 桥和 K30＋013

桥桥台施工垃圾未清理彻底，可能影响梁体伸缩。2016 年 11 月验收结束后，××路桥公司××公路项目经理部已经进行了处理，将丢失的泄水管重新安装，将桥台施工垃圾清理干净。

××公路建设管理处能够严格执行基本建设程序、规章制度，按规定进行招标选择设计、监理、施工单位，管理机构健全，制度完善，责任明确，体现出较强的质量控制能力，能够重视安全生产、环境保护、廉政建设等方面工作，及时支付工程款，保证工程顺利进行。

××公路勘察设计院在设计工作中能够采用合理的设计方案，满足施工要求的设计精度和深度，提供的设计文件无严重的错漏现象，在项目实施过程中，信守合同，服务及时，办事严律，为项目顺利实施提供了技术保障。施工期间派一名设计代表常驻工地，施工现场地形复杂，不良地段多，社会干扰大，变更随时随地都可能发生，设计代表不分昼夜长期驻守工地，及时对变更进行处理，为施工单位近期完成工程提供了有利的保障。

N5 合同段由××路桥公司承担施工，该施工单位把工程质量视为企业的生命，对施工中出现的任何质量问题坚决予以处理，从不放过一丝质量隐患。面对资金紧张、社会行车干扰大的种种困难，他们充分发挥敢打敢拼的企业传统，近期完成了合同工程，给我们留下了深刻的印象。

××建设监理有限公司能够履行合同约定，有健全的管理制度，认真监理，坚持旁站，严把质量关，采取了有效的措施对工程质量、投资、进度进行控制。

施工管理机构应配置科学合理，以确保整体的凝聚力，多、快、好、省地完成项目；在前期准备过程中，要细致调查工地实际情况，及时制定或调整措施，保证工程顺利实施；合理投入资金、设备，才能取得质量、进度、效益的多赢局面。

监理工作必须严格认真，并具有较高的业务素质，这样就能对每一工序、每一环节做到事前提示，将可能出现的问题消灭在萌芽状态，并对可能造成质量隐患的环节事先防范。

要求：编制监理工作报告和施工总结报告。

案例 5　检测验收评定计算

1. 某二级公路路基压实施工中，用灌砂法测定压实度，测得灌砂筒内量砂质量为 5820g，填满标定罐所需砂的质量为 3885g，标定罐的体积 3035cm³，并测定砂锥的质量为 615g；灌砂后称灌砂筒内剩余砂质量为 1314g，试坑挖出湿土重为 5867g，烘干土重为 5036g，室内击实试验得最大干密度为 1.68g/cm³，试求该测点压实度和含水量。

2. 某新建二级公路设计弯沉值 $l_d = 33(0.01mm)$，其中一评定段（沥青混凝土面层）弯沉测试结果如下（单位为：0.01mm）：17，11，10，14，13，10，16，19，12，14，17，20。试评定该路段弯沉检测结果与得分情况（保证率为 93.32%），并计算极差、中位数与变异系数。（弯沉代表值 $l_r = \bar{l} + Z_\alpha \cdot S$）

附　　表

保证率	保证率系数 Z_α	$t_\alpha/\sqrt{n}$		
		$n=4$	$n=5$	$n=30$
99%	2.327	1.676	1.374	0.449
95%	1.645	0.953	0.823	0.310

保证率	保证率系数 Z_a	$t_a/\sqrt{n}$		
		$n=4$	$n=5$	$n=30$
90%	1.282	0.686	0.603	0.239
97.72%	2.00			
93.32%	1.50			

3. 某二级公路采用石灰稳定土基层，石灰稳定土设计强度为 0.8MPa，按规定频率对所验收路段进行了石灰稳定土的强度检查，结果如下：0.85、0.78、0.9、0.86、0.83、0.76、0.82、1.0、0.82、0.91、0.81（MPa），请对该路段的强度进行评定。[可能用到的公式 $R \geqslant R_d/(1-Z_aC_v)$，其中保证率为 90%]

4. 某路段水泥混凝土路面板厚检测数据见下表，保证率为 95%，设计厚度 $h_d=25$cm，代表允许值 $\Delta h=5$mm，请对该路段的板厚进行评定。（可能用到的公式 $h=\bar{h}-S \cdot t_a/\sqrt{n}$）

序号	1	2	3	4	5	6	7	8	9	10	11	12	13	14	15
h_i(cm)	25.1	24.8	25.1	24.6	24.7	25.4	25.2	25.3	24.7	24.9	24.9	24.8	25.3	25.3	25.2
16	17	18	19	20	21	22	23	24	25	26	27	28	29	30	
25.0	25.1	24.8	25.0	25.1	24.7	24.9	25.0	25.4	25.2	25.1	25.0	25.0	25.5	25.4	

案例 6　分项工程质量检验评定表

按《公路工程质量检验评定标准》附录 A 将建设项目划分为单位工程、分部工程和分项工程。施工单位、工程监理单位和建设单位应按相同的工程项目划分进行工程质量的监控和管理。

现有一高速公路项目，要求将表附 C-3、表附 C-4 填写完成，对工程质量等级进行评定（参见 5.5）。

按照数理统计法评分的主要项目的计算公式：

（1）压实度代表值：$K=\bar{K}-S \cdot t_a/\sqrt{n}$

当 $K \geqslant K_0$，且单点压实度 K_i 全部大于等于规定值减 2 个百分点时，评定路段的压实度可得规定满分；当 $K \geqslant K_0$ 且单点压实度全部大于等于规定极值时，对于测定值低于规定值减 2 个百分点的测点，按其占总检查点数的百分率计算扣分值。

当 $K < K_0$ 或某一单点压实度 K_i 小于规定极值时，该评定路段压实度为不合格，评为零分。

K 为平均值，S 为标准差，K_0 为压实度规定值。

保证率：高速公路、一级公路：基层、底基层为 99%；路基、路面面层为 95%；

其他公路：基层、底基层为 95%；路基、路面面层为 90%。

（2）柔性基层、沥青路面弯沉值评定，路面结构层厚度评定，半刚性基层和底基层材料强度评定的计算公式参见附录 C 案例 5。

表附C-3

承包人　××建设公司　　　　工程项目第　××　合同段　　　　　　　土方路基　　分项工程质量检验评定表

监理单位　××监理公司　　所属单位工程　　　　质检单编号　　　　　　　　　　　

所属分部工程　　　　工程部位　　　　　　　

（桩号、墩台号、孔号）　K221+897.000—K222+060.000　　　××年××月××日　　××年××月××日

基本要求 检查	要求代号	4.2.1.1	4.2.1.2	4.2.1.3
	检查记录	符合要求	符合要求	符合要求

项次		检查项目	规定值或允许误差	实测值或偏差值														平均值（代表值）	合格率（%）	合格判定
				1	2	3	4	5	6	7	8	9	10	11	12	13	14			
1	关键项目	压实度（%）（填方0～0.80m）	96	96.3	96.5	97.2	96.6													
2		弯沉（0.01m）	符合要求						按公路工程质量检验评定标准附录Ⅰ										—	—	—
3	一般项目	纵断高程（mm）	+10，−15	−3	+6	−5	−4	−10	−3	+2	−3	+11	−2	−4	−1					
4		中线偏位（mm）	50	20	30	25	18													
5		宽度（mm）	大于设计（15）	24	25	17	18													
6		平整度（mm）	15	10	8	7	9													
7		横坡（%）2	±0.3	1.9	2.2	2.3	2.2													
8		边坡1:1.5	±0.15	1:1.55	1:1.6	1:1.5	1:1.6													

开工日期　　××年××月××日

完工日期　　××年××月××日

外观质量　　　　　　　　　

质量保证资料　　　　　　　

工程质量等级评定　　　　　　　

检验负责人　　　　检测：　　　　记录：　　　　复核：　　　　监理：

　　　　　　　　　　　　　　　　　　　　　　　　　年　　月　　日

表附C-4　　　××　建设公司　　所属单位工程　　　复合桥面水泥混凝土铺装　分项工程质量检验评定表

承包人　××建设公司　　所属单位工程
监理单位　××监理公司　　所属分部工程

工程项目第　××　合同段
质检单编号
工程部位
（桩号、墩台号、孔号）　82号~86号左幅　×××年××月××日

开工日期　×年×月×日
完工日期　×年×月×日

项次		检查项目	规定值或允许误差	1	2	3	4	5	6	7	8	9	10	11	12	13	14	平均值（代表值）	合格率（%）	合格判定
	要求代号	4.2.1.1	4.2.1.2			4.2.1.3														
	检查记录	符合要求	符合要求			符合要求														
1	关键项目	混凝土强度（MPa）	C40				按公路工程质量检验评定标准附录D											—	3	300
2	一般项目	厚度（mm） 80	±5	+5	−1	+4	+3	+3	0	1									2	
3		平整度（mm）	5	2	3	1	2	1	7	1	2	2							2	
4		横坡（%） 2	±0.2	2	1.9	2	2.1	1.9	2	1	2	1	2						1	
5																				
6																				
7																				

	实测值或偏差值				质量评定

外观质量　　　　　　　　　　　质量保证资料

工程质量等级评定

检验负责人：　　　　　　　检测：　　　　　　　记录：　　　　　　　复核：　　　　　　　监理：

　　　　　　　　　　　　　　　　　　　　　　　　　　　　　　　　　　年　　月　　日

参 考 文 献

[1] 时雪峰，等. 科技文献信息检索与利用（第 4 版）[M]. 清华大学出版社，北京交通大学出版社. 2015.

[2] 程娟. 信息检索 [M]. 中国水利水电出版社. 2009.

[3] 胡保存，等. 公路工程竣（交）工验收指南 [M]. 北京：人民交通出版社. 2005.

[4] 夏红光. 公路工程资料编制与填写范例 [M]. 北京：地震出版社，2006.

[5] 李美民，于春涛，等. 公路工程施工资料编制示例 [M]. 北京：人民交通出版社，2007.

[6] 郭俊飞，韩全学主编. 公路工程竣工评定与资料归档整理指南 [M]. 北京：中国电力出版社，2006.

[7] 赵大勇. 资料一本通 [M]. 北京：中国建材工业出版社，2006.